Roland Leonhardt

kurz & bündig

Prägnant und verständlich schreiben

Erfolgreich kommunizieren im Business

Linde
international

Bibliografische Information Der Deutschen Bibliothek

Die Deutsche Bibliothek verzeichnet diese Publikation in der Deutschen Nationalbibliografie; detaillierte bibliografische Daten sind im Internet über http://dnb.ddb.de abrufbar.

ISBN 3-7093-0060-6

Umschlag: AG MEDIA GmbH

1210 Wien, Scheydgasse 24, Tel.: 0043/1/24 630
www.lindeverlag.at

Druck: Hans Jentzsch & Co. GmbH., 1210 Wien, Scheydgasse 31

Roland Leonhardt

•

kurz & bündig

Inhalt

Vorwort

Zeit ist ein knappes Gut – nicht nur für Texter, auch für Leser.
In der Geschäftswelt sind Informationen, ob per Brief, E-Mail oder Fax, das A und O der Kommunikation. Doch lange, sperrige Texte und unverständliche Sätze sowie Fremdwörter und Fachausdrücke erschweren oft das Verständnis. Dabei wäre es so einfach, sich kurz und präzise zu fassen. Mit ein paar Regeln, die sich jeder leicht einprägen kann, kann man diese „Fertigkeit" erlernen.
Einige Beispiele haben wir in diesem Buch aufgezeigt. Schnell kann man darin die eine oder andere Formulierung finden. Teilweise können aber auch ganze Satzbausteine übernommen werden, was den Nutzen noch erhöht. Ebenso haben wir ein Register mit Kurzwörtern, Abkürzungen und Redewendungen bzw. Zitaten eingerichtet. Auch daraus können Sie schöpfen und selber kreativ gestalten.
Orientiert haben wir uns bei der Auswahl an der täglichen Praxis. Die Geschäftskorrespondenz in all ihren Facetten war Grundlage dafür. Natürlich lässt sich nicht jeder Bereich damit abdecken. Aber wir sind sicher, damit Anregung und erste Hilfe zu geben. Denn: In der Kürze liegt die Würze!

Roland Leonhardt

1. Kapitel
Kurz und bündig
oder Die Macht des kurzen Satzes

Es müssen nicht immer lange Sätze sein, um etwas verständlich zu machen. Oft genügt schon ein Stichwort, ein knapper Satzbaustein, um verstanden zu werden. Dazu bedarf es allerdings der Übung. Denn allzu sehr haben wir uns an lange Briefe, Mailings, Mitteilungen und Nachrichten gewöhnt. Selbst Zeitungsredakteuren gelingt es nicht immer, kurz und bündig zu schreiben. Deshalb sind uferlose Beiträge und Artikel keine Seltenheit. Unsere Devise heißt: Mut zum kurzen Satz.
In diesem Kapitel haben wir passende Satzbausteine zu vielen Sachgebieten ausgewählt. Sie sollten auf keinen Fall in Ihrer Korrespondenz fehlen. Es sind sozusagen die „Kernsätze", die den Inhalt einer Aussage prägen. Den Vor- oder Überbau Ihres Textes können Sie selber gestalten bzw. davon ableiten. Probieren Sie es aus!

Thema: Einkauf

Angebotseinholung

Sie wollen Angebote einholen und suchen nach dem geeigneten **Einleitungssatz**. Zugleich wollen Sie damit Ihr Interesse an dem Anbieter zeigen und gleichzeitig den Dialog eröffnen.
Beispiele, wie Sie Ihre Anfrage einleiten können:

Wir haben erfahren, dass Sie ... herstellen.

Wir haben von Ihrem neuen Verfahren zur Herstellung von ... gehört und sind daran interessiert.

Vielleicht werde ich bei Ihnen fündig. Ich suche ...

Unsere Fachabteilung hat herausgefunden, dass Sie ... produzieren.

Kollegen empfahlen uns eine Kontaktaufnahme mit Ihnen ...

Können wir bei Ihnen folgende Artikel erhalten?

Als Spezialist für ... sind Sie in Fachkreisen bekannt. Vielleicht können Sie uns weiterhelfen. Wir suchen eine Lösung für ...

Von unserem Partner erfuhren wir Ihre Anschrift ...

In der Fachzeitschrift XYZ sind wir auf Ihr Inserat gestoßen. Ich habe Interesse und bitte um ein Angebot.

Auf der Messe entdeckten wir Ihre Produkte ...

Ein Vertreter Ihrer Firma machte uns auf die Besonderheiten Ihrer Produkte aufmerksam ...

Ihre Anzeige ist auf unser Interesse gestoßen ...

Ihr Anruf hat unser Interesse geweckt. Bitte unterbreiten Sie uns ein Angebot.

Ihr Angebot, das in der Zeitung ... zu lesen war, klingt interessant. Bitte unterbreiten Sie uns ein detailliertes Angebot.

Ihr Werbebrief hat Wirkung gezeigt. Wir sind an Ihren Produkten interessiert ...

Wir wollen unser ... umstellen und bitten um Ihr Angebot.

Ihre Anzeige hat unser Interesse gefunden. Bitte machen Sie uns ein Angebot.

Da wir unser Sortiment erweitern wollen, sind uns Ihre Produkte besonders willkommen. Bitte unterbreiten Sie uns ein Angebot.

Nachdem Sie Ihr Interesse gezeigt haben, gehen Sie dazu über, konkrete Informationen einzuholen:

... machen Sie uns ein Angebot.

... informieren Sie uns über Kosten und Lieferbedingungen.

... wie hoch belaufen sich die Gesamtkosten?

... teilen Sie uns dazu Ihre Zahlungs- und Lieferbedingungen mit.

... mit welchen Rabatten können wir rechnen?

... mit welchen Zuschlägen müssen wir rechnen?

... welche Variante ist für uns die günstigste?

... welcher Vorteil überwiegt?

... wie lange währt die Garantiezeit?

... sind die Serviceleistungen inklusive?

... wie dicht ist das Servicenetz?

... unterbreiten Sie uns dazu einen Kostenvoranschlag.

... haben wir ein Rückgaberecht?

... womit sparen wir am meisten?

... sind Nachbestellungen jederzeit möglich?

... welche Möglichkeiten außer Kauf gibt es sonst noch?

Angebotsannahme

Sagt Ihnen das Angebot zu, können Sie mit folgenden **Einleitungssätzen** antworten:

Preis und Leistung haben uns überzeugt. Wir bestellen ...

Ihr Angebot hat unseren Wünschen/Vorstellungen entsprochen.

Ihr Angebot ist für uns interessant. Wir bestellen ...

Ihre beigefügten Proben/Muster haben uns überzeugt.

Ihr Angebot hebt sich deutlich in Qualität und Leistung von den anderen ab. Daher bestellen wir ...

Sie haben gegenüber den Wettbewerbern die besseren Konditionen. Wir bestellen ...

Ihre Konditionen überzeugen uns. Wir bestellen ...

Angebotsablehnung

Nicht immer stößt das Angebot auf Interesse. Oft stimmen Preis und Leistung nicht oder ein anderer Anbieter ist günstiger. Es gibt eine Vielzahl von Gründen, ein Angebot abzulehnen.
Ablehnungsgründe und Formulierungshilfen:

... leider passt der Artikel nicht in unser Sortiment.

... sind die Konditionen keinesfalls branchenüblich.

... entspricht die Qualität nicht dem üblichen Standard.

... ist der Preis gegenüber anderen Herstellern deutlich höher.

... haben wir Mängel in der Ausstattung entdeckt.

... benötigen wir durch Umstellung auf ... keine Artikel aus Ihrem Programm.

... entspricht Ihr Angebot nicht unseren Wünschen/Vorstellungen.

... hat unsere Geschäftsleitung eine andere Entscheidung getroffen.

... haben wir inzwischen unsere Produktion umgestellt.

... haben sich unsere Spezialisten doch für ein anderes Produkt entschieden.

... hat uns ein Wettbewerber ein günstigeres Angebot gemacht.

Reklamation

Wer hat schon gerne Reklamationen – doch gehört dieses Thema zur täglichen Praxis.
Hier finden Sie einige **Mustersätze**, die Sie in Ihr Reklamationsschreiben einbauen können:

Die von uns bestellte Ware ist leider beschädigt eingetroffen.

Nach Überprüfung der eingetroffenen Ware haben wir folgende Mängel festgestellt: ...

Inhalt und Farbe der Ware weichen von der Bestellung ab.

Bei der heute eingetroffenen Lieferung haben wir folgende Mängel festgestellt: ...

Die von uns bestellte Ware entspricht nicht der Ausschreibung in Farbe/Größe/Qualität/Form/Inhalt.

Sofort nach Eingang/Zustellung der Lieferung haben wir eine Prüfung vorgenommen und folgende Mängel festgestellt: ...

Entgegen Ihrer Zusage passte das Teil doch nicht zum Gerät.

Der Zustand der Ware, die uns am ... ausgeliefert wurde, weist folgende Mängel auf: ...

Wir haben die Ware, die uns heute geliefert wurde, sorgfältig geprüft. Dabei haben wir folgende Mängel festgestellt: ...

Nach unverzüglicher Prüfung der Lieferung haben wir folgende Mengen- bzw. Materialfehler festgestellt: ...

Mit der angelieferten Sendung sind wir nicht zufrieden. Inhalt und Form weichen von unserem Bestellauftrag ab.

Die heute angelieferten Geräte sind defekt. Wir bitten um eine Ersatzlieferung.

Danach können Sie folgende **Forderungen** stellen:

... bitte leisten Sie umgehend Ersatz.

... bitten wir um eine Ersatzlieferung.

... erwarten wir eine Kulanzregelung.

... gewähren Sie uns einen Preisnachlass.

... bitten wir um Behebung sämtlicher Mängel bis zum ...

... bitten wir um Erstattung der Rücksendekosten.

... erwarten wir eine Entschädigung.

... wegen der aufgetretenen Mängel und dem Ausfall unserer Maschinen fordern wir Schadenersatz.

Die Mängel der ausgelieferten Ware ist so gravierend, dass wir um sofortigen Umtausch/Ersatz bitten.

Ihre Zusendung entspricht nicht der Warenprobe. Wir bitten Sie, die Ware umzutauschen. Sollte dies nicht möglich sein, machen wir den Kaufvertrag rückgängig.

Die mangelhaften Leistungen können wir nicht hinnehmen. Wir bitten Sie, bis zum ... Nachbesserungen vorzunehmen, andernfalls werden wir rechtliche Maßnahmen ergreifen.

Wir haben vor drei Wochen Produkte bei Ihnen bestellt und diese bis heute nicht erhalten. Sollten Sie die Produkte bis zum ... nicht ausliefern, treten wir vom Kaufvertrag zurück.

Sie sind mit der Lieferung unserer bestellten Ware in Verzug. Da wir die Ware dringend benötigen, bitten wir Sie, diese bis spätestens ... auszuliefern.

Thema: Verkauf

Angebote

Hat der Kunde bei Ihnen angefragt und ist es zum Erstkontakt gekommen, sollten Sie nach einer freundlichen Anrede mit folgenden **Einleitungssätzen** beginnen:

Wir danken Ihnen für Ihre Anfrage.

Wir haben uns über Ihr Interesse gefreut.

Wir können Ihnen folgendes Angebot machen ...

... senden wir Ihnen gerne unsere Angebote zu.

... wir freuen uns, dass Sie aufgrund unserer Anzeige Katalog und Preisliste anfordern. Gerne senden wir Ihnen unser aktuelles Programm mit Preisliste zu.

Besten Dank für Ihr Interesse. Mein Angebot lautet: ...

Sie haben sich auf unser Mailing gemeldet. Vielen Dank.

Unser Außendienstmitarbeiter hat uns über Ihr Interesse informiert. Gerne senden wir Ihnen unser aktuelles Programm mit Preisliste zu.

Schön, dass Sie sich für unsere Produkte interessieren. Wir können Ihnen aktuell folgendes Angebot unterbreiten ...

Vielen Dank für das freundliche Telefongespräch. Hier ist unser Angebot: ...

Es freut uns, dass Sie sich über unser Programm informieren wollen.

Danke für Ihr Interesse, das Sie durch unsere Rundrufaktion gezeigt haben.

Ihre freundliche E-Mail vom ... haben wir erhalten. Gerne unterbreiten wir Ihnen folgendes Angebot: ...

Ihre Zuschrift haben wir erhalten. Vielen Dank. Gerne senden wir Ihnen die gewünschten Proben zu.

Ihr Interesse an unseren Erzeugnissen freut uns. Wir haben Prospekte und Preislisten an Sie abgeschickt.
Unser Mitarbeiter, Herr ..., meldet sich in den nächsten Tagen bei Ihnen.

Formulierungshilfen für konkrete Angebote:

Wir unterbreiten Ihnen folgendes Angebot: ...

Wir können Ihnen folgende Sonderkonditionen einräumen: ...

Unsere Erzeugnisse können zu folgenden Konditionen bezogen werden: ...

Unsere Produkte eignen sich für Ihre Zwecke sehr gut. Auch die Preise können sich sehen lassen.

Da es sich um einen Einführungspreis handelt, ist das Angebot begrenzt.

Wir haben noch einmal reduziert und fügen die aktuelle Preisliste bei.

Hier ist unser spezielles Angebot für Sie: ...

Mehrfachbestellungen honorieren wir mit ...% Rabatt.

Unsere Preise sind Endpreise. Sie schließen auch Verpackung und Lieferung mit ein.

Wir haben unser Sortiment erweitert und bieten nun eine ganze Reihe neuer Produkte an. Auch für diese Produkte gelten die gleichen Konditionen.

Sollten Sie die Artikel noch vor Saisonschluss bestellen, erhalten Sie ...% Rabatt.

Auftragsbestätigung

Sobald der Auftrag/die Bestellung eingegangen ist, sollte eine Auftragsbestätigung erfolgen.
Dazu die wichtigsten **Satzelemente**:

Für Ihren Auftrag danken wir Ihnen.

Ihren Auftrag haben wir sofort ausgeführt.

Ihren Auftrag werden wir umgehend erledigen.

Wir bestätigen Ihnen den Auftragseingang.

Ihre Bestellung ist bei uns eingegangen.

Wir haben uns über Ihre Bestellung gefreut und eine sofortige Auslieferung an Sie veranlasst.

Ihr Auftrag, der heute bei uns eingegangen ist, wird sofort bearbeitet.

Zur Erledigung Ihres Auftrages fehlen uns noch folgende Angaben ...

Vielen Dank für Ihren Auftrag, den wir gerne ausführen werden.

Wir haben uns über Ihre positive Reaktion zu unserem Angebot gefreut. Gerne bestätigen wir den Auftrag und sichern Ihnen eine prompte Ausführung durch.

Wir haben nach Erhalt Ihres Auftrages die entsprechenden Weisungen erteilt. Unsere Techniker werden sich umgehend mit Ihnen in Verbindung setzen.

Wir wollen den Auftrag zu Ihrer vollen Zufriedenheit ausführen, deshalb benötigen wir noch ein paar Angaben.

Wie von Ihnen gewünscht, werden wir die Arbeiten am ... ausführen.

Vielen Dank für Ihren Auftrag, den wir gerne ausführen. Schon in den nächsten Tagen erhalten Sie die bestellte Ware.

Für Ihre Bestellung herzlichen Dank. Wir werden alles zu Ihrer Zufriedenheit erledigen.

Wir bestätigen Ihre Bestellung und führen diese wunschgemäß aus.

Gerne bestätigen wir Ihren Auftrag vom ... Sie erhalten die Ware zu den bekannten Lieferbedingungen.

Ihre Bestellung haben wir vorgemerkt. Die Auslieferung erfolgt bis spätestens ...

Besten Dank für Ihren Auftrag. Unser Spediteur hat die Ware bereits erhalten und wird diese umgehend ausliefern.

Schön, dass Sie unser Angebot überzeugt hat. Den erteilten Auftrag führen wir gerne aus.

Danke für Ihren Auftrag, den wir hiermit bestätigen.

Wie vereinbart, erhalten Sie die Erstlieferung sofort. Den Restbestand liefern wir bis zum ... aus.

Terminvereinbarung

Nicht selten wird eine Terminvereinbarung getroffen. Wir haben **Formulierungen** sowohl für den Bestell- und Auftragsverkehr als auch für geschäftliche Treffen, Meetings und Konferenzen ausgewählt.

Die Lieferung erfolgt am ...

... liefern wir voraussichtlich am ...

Von ... bis ... liefern wir aus.

Die Auslieferung erfolgt am ...

Bis zum ... halten wir die Ware in Option.

Mit einer Auslieferung bis zum ... ist zu rechnen.

Innerhalb einer Woche liefern wir aus.

Voraussichtlich können wir die Ware am ... ausliefern.

Fristgemäß erfolgt die Auslieferung am ...

Vertragsgemäß liefern wir am ... aus.

Wie vereinbart, erhalten Sie die Zusendung am ...

Nach Absprache erhalten Sie am ... die Produkte.

Wie versprochen, senden wir Ihnen am ... die Artikel zu.

Erklären wir uns bereit, die Ware bis zum ... zu überstellen.

Die Lieferzeit beträgt ...

Die Zustellung erfolgt am ...

Die Lieferfrist beträgt ...

Innerhalb eines Zeitraumes von 14 Tagen können wir ausliefern.

Aus unserer Sicht ist eine Fertigstellung am ... möglich.

Wie von Ihnen gewünscht, werden wir mit den Arbeiten am ... beginnen.

... bestätigen wir Ihnen den folgenden Auslieferungstermin ...

Persönliche Terminabsprachen:

... freue ich mich auf unser Treffen/Begegnung am ...

Am ... ist ein Treffen in meinem Büro möglich.

Bitte teilen Sie mir bis zum ... mit, ob Sie kommen.

... schlage ich Ihnen als Termin den ... vor.

Als Ersatztermin können wir den ... vereinbaren.

Es wäre schön, wenn wir uns am ... treffen könnten.

Terminlich bin ich flexibel. Bitte schlagen Sie einen Zeitpunkt vor.

Ich freue mich, Sie am ... zu sehen.

Wegen dringender Geschäfte bin ich am ... nicht erreichbar.

Wegen einer Geschäftsreise kann ich den anvisierten Termin nicht einhalten. Wann passt es Ihnen?

Ich stehe Ihnen wieder am ... zur Verfügung.

Als verbindlichen Termin schlage ich Ihnen den ... vor.

... können wir uns auf den ... einigen?

Wenn Sie Zeit haben, könnten wir uns am ... treffen.

Auf dem Weg nach Hamburg könnte ich auch in Frankfurt/Main Zwischenstation machen. Passt es Ihnen am ..., ca. 17.00 Uhr?

Thema: Rechnungswesen

Zahlungserinnerungen

Ein ungeliebtes Thema. Doch mit ein paar ausgewogenen **Formulierungen** lässt sich schon viel erreichen.

Leider ist unsere Rechnung Nr. ... noch offen.

Unsere Rechnung Nr. ... vom ... wurde von Ihnen noch nicht beglichen.

Der Rechnungsbetrag i. H. von ... ist noch offen.

Bitte überweisen Sie den Betrag bis zum ... auf unser Konto.

Leider konnten wir noch keinen Zahlungseingang zu unserer Rechnung Nr. ... vom ... feststellen.

Wir bitten Sie, den noch offenen Betrag zu unserer Rechnung Nr. ... vom ... zu überweisen.

Haben Sie die Begleichung unserer Rechnung Nr. ... vom ... vergessen? Wir konnten bisher keinen Zahlungseingang feststellen. Bitte überweisen Sie den Betrag innerhalb der nächsten 14 Tage.

Ist unsere Rechnung Nr. ... vom ... bei Ihnen nicht angekommen? Wir haben jedenfalls keinen Zahlungseingang feststellen können. In Kopie erhalten Sie noch einmal eine Rechnung. Den Betrag überweisen Sie bitte bis zum ... auf unser Konto.

Wir haben keinen Zahlungseingang zu unserer Rechnung vom ... feststellen können. Ist etwas unklar? Bitte teilen Sie uns dies mit, andernfalls erwarten wir Ihren Zahlungseingang bis spätestens ...

Den noch ausstehenden Rechnungsbetrag bitten wir bis zum ... an uns zu überweisen.

Um Unannehmlichkeiten zu vermeiden, bitten wir Sie, den noch offenen Rechnungsbetrag bis zum ... an uns zu überweisen.

Auch eine Redewendung oder ein Kurzzitat kann die Aufforderung noch einmal unterstreichen.

„Gute Leistungen haben ihren Preis."
Unser Rechnung Nr. ... ist noch immer nicht beglichen. Bitte überweisen Sie den Betrag bis zum ... auf unser Konto.

„Gute Partnerschaft erfordert Vertrauen."
Unsere Rechnung Nr. ... vom ... ist noch offen. Bitte begleichen Sie den Betrag bis zum ...

„Gute Geschäftsbeziehungen bedürfen der Fairness."
Unser Rechnung Nr. ... vom ... wurde von Ihnen noch nicht beglichen. Haben Sie etwa den Termin übersehen? Wenn ja, dann überweisen Sie den Betrag bis spätestens ... auf unser Geschäftskonto.

„Keine Unternehmungen ohne Geld."
Ja, auch wir kommen ohne Geld nicht aus. Ihre Rechnung Nr. ... vom ... ist noch offen. Bitte überweisen Sie den Betrag umgehend auf unser Konto.

Mahnungen

Wenn Zahlungserinnerungen ohne Wirkung bleiben, helfen meist nur noch Mahnbescheide. Sie sind die letzte Stufe vor einem gerichtlichen Mahnverfahren. Auch hier kommt es ganz entscheidend auf die **Wortwahl** an.
Beispiele:

Sollten wir bis zum ... keinen Zahlungseingang feststellen, werden wir ein gerichtliches Mahnverfahren einleiten.

Mehrmals haben wir Sie um eine Begleichung der Rechnung Nr. ... vom ... gebeten. Sollte der Betrag bis zum ... nicht bei uns eingegangen sein, werden wir ein gerichtliches Mahnverfahren einleiten.

Bisher haben Sie auf unsere Mahnungen nicht reagiert. Wir bitten Sie nun, den Betrag bis zum ... an uns zu überweisen, andernfalls leiten wir ein gerichtliches Mahnverfahren ein.

Sollten wir innerhalb der nächsten 14 Tage keinen Zahlungseingang feststellen, werden wir ein gerichtliches Mahnverfahren einleiten.

Bisher haben Sie auf unsere Mahnungen nicht reagiert. Wir geben Ihnen nun die Chance, den Betrag bis zum ... an uns zu überweisen. Ist der Betrag bis dahin auf unser Konto nicht eingegangen, werden wir den Rechtsweg einschlagen.

Unseren mehrmaligen Zahlungsaufforderungen sind Sie nicht nachgekommen. Wir bitten Sie, die Rechnung Nr. ... vom ... bis zum ... zu begleichen. Sollte der Betrag bis dahin nicht bei uns eingegangen sein, werden wir ein gerichtliches Mahnverfahren einleiten.

Thema: Personalwesen

Beurteilung/Zeugnis

Mitarbeiter zu beurteilen ist keine leichte Aufgabe. Die richtige Formulierung, die den Leistungen des Mitarbeiters gerecht wird, muss zugleich wahr und werbewirksam sein.
Hier einige **Beispiele** der Leistungsbeurteilung:

BEURTEILUNG: SEHR GUT

... stets zu unserer vollsten Zufriedenheit.

... waren außerordentlich zufrieden.

... hat unsere volle Anerkennung gefunden.

... hat unsere Erwartungen in allerbester Weise erfüllt.

... hat die ihm/ihr übertragenen Aufgaben zu unserer vollsten Zufriedenheit erledigt.

... hat sich bestens bewährt.

Seine/ihre Leistungen waren außerordentlich.

... hat die ihm/ihr übertragenen Aufgaben mit besten Leistungen erfüllt.

... hat mit Bestleistungen unsere Erwartungen erfüllt.

BEURTEILUNG: GUT

Seine/ihre Leistungen waren immer zufrieden stellend.

... hat die ihm/ihr übertragenen Aufgaben zu unserer vollen Zufriedenheit erledigt.

... hat die Aufgaben stets zu unserer vollen Zufriedenheit erfüllt.

Seine/ihre Aufgaben hat er zufrieden stellend erfüllt.

... hat die Erwartungen zu unserer Zufriedenheit erfüllt.

BEURTEILUNG: BEFRIEDIGEND

... hat die Aufgaben zu unserer Zufriedenheit erledigt.

... hat unseren Erwartungen entsprochen.

... mit Herrn/Frau waren wir zufrieden.

... hat zufrieden stellend gearbeitet.

Seine/ihre Leistungen hat er/sie zu unserer Zufriedenheit erbracht.

Die Aufgaben hat er/sie mit zufrieden stellenden Leistungen erfüllt.

Seine/ihre Arbeit hat er immer zu unserer Zufriedenheit ausgeführt.

BEURTEILUNG: MANGELHAFT

Größtenteils hat er/sie die Erwartungen erfüllt.

Mit Interesse und Fleiß hat er/sie die Aufgaben erledigt.

... hat sich bemüht, die Aufgaben zu unserer Zufriedenheit zu erledigen.

... hat die Aufgaben im Großen und Ganzen zur Zufriedenheit erledigt.

... hat sich bemüht, mit Interesse und Fleiß die Aufgaben zu erledigen.

... konnten wir mit seinen/ihren Leistungen zufrieden sein.

BEURTEILUNG: UNGENÜGEND

... bemühte sich, die Aufgaben zufrieden stellend zu erledigen.

... hatte Gelegenheit, die Aufgaben zu erledigen.

Er/sie hat sich bemüht, die Aufgaben zu erledigen.

... zeigte er/sie für seine Arbeit Verständnis und Interesse.

Im Rahmen seiner/ihrer Möglichkeiten bemühte er/sie sich, die Aufgaben zu erledigen.

... versuchte er/sie, den Aufgaben gerecht zu werden.

Führungsbeurteilung

Nicht nur die Leistung, auch das Verhältnis zu Vorgesetzten, Mitarbeitern und Arbeitskollegen muss beurteilt werden.
Hier finden Sie einige **Anregungen**:

BEURTEILUNG: SEHR GUT

Gegenüber seinen Vorgesetzten, Mitarbeitern und Arbeitskollegen ...

... war er/sie stets vorbildlich.

... hatte er/sie ein gutes Verhältnis.

Er/sie wurde von seinen Vorgesetzten, Mitarbeitern und Arbeitskollegen geschätzt.

BEURTEILUNG: GUT

Gegenüber Vorgesetzten, Mitarbeitern und Arbeitskollegen ...
... war er/ sie kollegial.

Er/sie hatte zu seinen Vorgesetzten, Mitarbeitern und Arbeitskollegen stets ein gutes Verhältnis.

BEURTEILUNG: BEFRIEDIGEND

... war immer in Ordnung.

... war immer einwandfrei.

... hatten wir keinen Grund zur Klage.

BEURTEILUNG: AUSREICHEND

... sein/ihr Verhalten gegenüber Mitarbeitern und Vorgesetzten war einwandfrei.

... hatte er/sie gegenüber seinen/ihren Arbeitskollegen ein kameradschaftliches Verhältnis.

... war zu seinen/ihren Vorgesetzten immer korrekt.

Es gab keinen Anlass für Kritik.

... hatte er/sie ein hilfsbereites Wesen.

Er/sie galt als kollegialer Mitarbeiter/in.

BEURTEILUNG: MANGELHAFT

Insgesamt war sein/ihr Verhalten von gutem Willen bestimmt.

... war er/sie umgänglich.

... hat er/sie sich im Team gut eingefügt.

... zu Vorgesetzten bemühte er/sie sich um ein gutes Verhältnis.

BEURTEILUNG: UNGENÜGEND

... wurde er/sie im Mitarbeiterkreis akzeptiert.

... hat er/sie sich in der Zusammenarbeit mit Kollegen und Vorgesetzten immer bemüht.

... hat er/sie sich um eine gute Zusammenarbeit angestrengt.

... hat er/sie sich in der Zusammenarbeit mit Vorgesetzen und Kollegen immer Mühe gegeben.

Sein/ihr Verhältnis zu Mitarbeitern und Vorgesetzten war zufrieden stellend.

Einladung zum Vorstellungsgespräch

Sie haben eine Auswahl unter den Bewerbern getroffen. Nun gilt es, diese zu einem Gespräch einzuladen. Hierbei können Sie auf folgende **Einleitungssätze** zurückgreifen:

Über Ihre Bewerbung haben wir uns gefreut. Wir wollen Sie gerne persönlich kennen lernen und bitten Sie zu einem Vorstellungsgespräch am ...

Ihre berufliche Qualifikation hat bei uns besonderes Interesse gefunden. Wir wollen Sie deshalb gerne persönlich kennen lernen und bitten Sie zu einem Vorstellungsgespräch am ...

Da sich die Stellenbeschreibung sehr gut mit Ihrer fachlichen Ausbildung deckt, bitten wir Sie um ein Vorstellungsgespräch am ... in unserem Haus.

Wir haben uns über Ihre Bewerbung gefreut. Da die Stelle genau Ihrem Ausbildungsprofil entspricht, möchten wir Sie zu einem Vorstellungsgespräch einladen. Bitte finden Sie sich am ... in unserer Konzernzentrale ein.

Ihre Bewerbungsunterlagen haben wir geprüft und sind zu der Überzeugung gekommen, dass die Stelle Ihrer Qualifikation entspricht. Wir möchten Sie deshalb gerne persönlich kennen lernen und bitten Sie zu einem Vorstellungsgespräch in unsere Zentrale. Würde Ihnen der ... passen?
Bitte geben Sie uns kurz Bescheid.

Danke für Ihre Bewerbungsunterlagen, die wir sorgfältig geprüft haben. Wir können uns eine Mitarbeit Ihrerseits vorstellen. Noch offene Fragen können in einem gemeinsamen Gespräch erörtert werden, dazu bitten wir Sie zu einem Vorstellungsgespräch am ... in unserem Haus.

Vielen Dank für Ihre Bewerbungsunterlagen. Ja, wir möchten Sie kennen lernen. Als Vorstellungstermin schlagen wir Ihnen den ... vor.
Bitte bestätigen Sie uns kurz den Termin.

Ablehnung des Bewerbers

Es gibt verschiedene Gründe für eine Ablehnung, jedoch sollte immer eine freundliche Ansprache erfolgen und der Grund genannt werden. Dabei können nachfolgende **Textbausteine** verwendet werden:

Wir haben uns für einen anderen Bewerber entschieden, dessen Qualifikation genau zur Stellenbeschreibung passt.

Wir haben uns für einen Bewerber entschieden, der aufgrund seiner Qualifikation besonders gut für diese Position geeignet ist.

... haben wir uns für einen anderen Bewerber entschieden, der über zusätzliche Fremdsprachenkenntnisse verfügt.

Die Auswahl unter den vielen Bewerbungen ist uns nicht leicht gefallen. Wir haben uns für einen Bewerber entschieden, der den gewünschten Anforderungen am besten entspricht.

Abmahnung

Auch für eine Abmahnung gibt es verschiedene Gründe. Sie sollten besonders hervorgehoben und rechtlich abgesichert sein.
Dazu zählen u. a. folgende **Tatbestände**:

- unentschuldigtes Fehlen am Arbeitsplatz
- unerlaubter Urlaubsantritt
- wiederholte fehlerhafte Arbeitsausführung
- Verstoß gegen das Alkoholverbot
- Versäumnis bei der Nachweispflicht im Krankheitsfall
- unerlaubte Arbeitsunterbrechung
- private Telefongespräche
- mangelhafte Leistungen
- unerlaubte Nebentätigkeit
- Störung des Betriebsfriedens

Zur schriftlichen Abmahnung können folgende **Formulierungen** verwendet werden:

Ihr Verhalten beanstande ich ausdrücklich. Ich fordere Sie auf, ...

... die Vereinbarungen aus dem Arbeitsvertrag einzuhalten.

... den übernommenen Pflichten aus dem Arbeitsvertrag nachzukommen.

... den arbeitsvertraglichen Verpflichtungen nachzukommen.

Fristgerechte Kündigung

Hiermit kündige ich den mit Ihnen bestehenden Arbeitsvertrag fristgerecht zum ...

Fristlose Kündigung

Hiermit kündige ich den seit ... bestehenden Arbeitsvertrag fristlos.

2. KAPITEL
SO KÜRZEN SIE IHRE SÄTZE ERFOLGREICH AB

Wie schreibt man kurze und prägnante Sätze?

In diesem Kapitel haben wir Formulierungen aus der Praxis übernommen, wie sie (leider noch immer) im täglichen Schriftverkehr anfallen. Es sind sozusagen Standardsätze, die aber oft zu lang und zu missverständlich sind. Auch hier haben wir Kürzungen vorgenommen und sie dem modernen Schriftdeutsch angepasst.
An diesen Beispielen ist ersichtlich, dass „Kürzen absolut keine Kunst" ist, sondern geübt und angewendet werden kann. Dies trifft für alle Textsorten zu.

Das kurze **Stichwort** am Anfang hilft Ihnen, rasch die richtige Formulierung zu finden.

ABLEHNUNG

Es mag Sie vielleicht verwundern, dass wir angesichts so günstiger Voraussetzungen nicht sofort zugesagt haben.

👎 Zu floskelhaft.

Vielleicht wundert Sie es, dass wir nicht sofort zugesagt haben.

Zu unserem Bedauern können wir Ihnen leider keine positive Zusage machen.

👎 Veralteter Mitteilungsstil.

Wir können Ihnen leider keine positive Zusage machen.

ABSCHLUSSFORMEL

Ihrer geschätzten Antwort entgegensehend, verbleiben wir ...

👎 Höflichkeitsfloskel!

Gerne sehen wir Ihrer Antwort entgegen ...

Wir hoffen, Ihnen hiermit gedient zu haben.

👎 Veraltete Abschlussformulierung.

Gerne sind wir für Sie tätig.

ABSCHLUSSFORMULIERUNG

Für Ihre Bestellung sagen wir unseren verbindlichsten Dank und hoffen, Sie auch weiterhin beliefern zu dürfen.

👎 Keine zeitgemäße Abschlussformulierung.

Für die Bestellung danken wir Ihnen.

ABSCHLUSSSATZ

Abschließend teilen wir Ihnen mit, dass die Bestellung noch heute ausgeführt wird.

👎 Geht kürzer und präziser.

Ihre Bestellung wird heute ausgeführt.

ABSPRACHE

Die unter Punkt 6 und 7 näher bezeichneten Forderungen sind in Absprache mit unserer Vertriebsabteilung zu treffen.

👎 Zu abstrakt.

Bitte halten Sie wegen Punkt 6 und 7 Absprache mit unserer Vertriebsabteilung.

ANBERECHNET, AUSGEWIESEN

Es werden noch die Steuern zusätzlich anberechnet und auf der Rechnung separat ausgewiesen.

👎 Umständliche Formulierung.

Hinzu kommen noch die Steuern, die wir auf der Rechnung getrennt ausweisen.

ANFORDERUNG EINES MUSTEREXEMPLARS

Wir bitten um baldige Lieferung eines Musterexemplars in der von Ihnen angebotenen Info-Mappe.

👎 Umständliche Formulierung.

Bitte senden Sie uns bald ein Musterexemplar aus der Info-Mappe zu.

ANFRAGE

Da wir Ihre Anfrage so ausführlich wie möglich beantworten wollen, bitten wir Sie noch um ein paar Tage Geduld.

👎 Zu weitschweifig.

Ihre Anfrage wird bearbeitet.
Sie erhalten in wenigen Tagen eine Antwort.

Ihre Anfrage betreffend teilen wir Ihnen mit, dass wir den Artikel noch auf Lager haben.

👎 Veralteter Mitteilungsstil.

Wir haben den gewünschten Artikel noch vorrätig.

ANFRAGE, ANGEBOT

Wir bedanken uns sehr für Ihre Anfrage und unterbreiten Ihnen folgendes Angebot ...

👎 Zu floskelhaft.

Vielen Dank für Ihre Anfrage. Hier ist unser Angebot:

Wir bestätigen den Empfang Ihrer Anfrage und teilen Ihnen mit, dass wir Ihnen ein Angebot zukommen lassen.

Veralteter Mitteilungsstil, zu floskelhaft.

Ihre Anfrage haben wir erhalten. Gerne senden wir Ihnen unser Angebot zu.

Angaben

Wie wir Ihnen bereits mitgeteilt haben, fehlen uns noch notwendige Angaben zu Ihrer o. g. Forderung, erst dann können wir den Vorgang schnell bearbeiten.

Weitschweifig.

Um den Vorgang zügig zu bearbeiten, fehlen uns noch folgende Angaben: ...

Angebot

Wir würden uns freuen, wenn wir von Ihnen ein Angebot mit der gewünschten und ausführlichen Information erhielten.

Konjunktiv!

Wir freuen uns über Ihr Angebot mit den ausführlichen Informationen.

Angebot, Preisliste

Als Anlage erhalten Sie hiermit die aktuellen Preislisten zu Ihrer gfl. Beachtung.

Veraltete Formulierung.

Sie erhalten heute die aktuellen Preislisten.

Angebotsanfrage

Wir möchte Sie bitten, uns mitzuteilen, ob Sie aufgrund Ihres Herstellungsprogramms ein geeignetes Produkt für unser Sortiment anbieten können.

👎 Komplizierte Satzstruktur.

Bitte teilen Sie uns mit, ob Sie ein geeignetes Produkt für unser Sortiment haben.

Angebotseinholung

Bitte machen Sie uns dazu Ihr ausführliches Angebot, damit wir entsprechend abwägen können.

👎 Weitschweifig. Es geht auch kürzer.

Wir benötigen ein detailliertes Angebot.

Anordnung, Kenntnis, Umsetzung

Die Anordnungen wollen Sie bitte umgehend zur Kenntnis nehmen und umsetzen.

👎 Floskelhafte und veraltete Formulierung.

Die Anordnungen bitten wir umgehend umzusetzen.

Antrag, Zusendung

Den neu ausgearbeiteten Antrag werden wir Ihnen Anfang April zusenden.

👎 Geht auch noch kürzer.

Den neuen Antrag erhalten Sie Anfang April.

Antwort

Wir würden uns freuen, wenn wir bald mit Ihrer Antwort rechnen dürften.

👎 Warum „rechnen dürften“?

Wir freuen uns auf Ihre Antwort.

Wir hoffen recht bald hierüber von Ihnen zu hören, denn die Sache eilt.

👎 Umständliche und veraltete Formulierung.

Wir hoffen, in dieser Angelegenheit bald wieder von Ihnen zu hören.

Wir bitten um eine alsbaldige Rückantwort, damit die Versendung rechtzeitig erfolgen kann.

👎 Kann kürzer und präziser formuliert werden.

Nach Erhalt Ihrer Antwort senden wir Ihnen die Ware sofort zu.

Arbeitsplatz, Ordnung und Sauberkeit

Jeder Mitarbeiter muss an seinem Arbeitsplatz dafür sorgen, dass Sauberkeit und Ordnung eingehalten werden.

👎 Kann kürzer und deutlicher formuliert werden.

Für Sauberkeit und Ordnung am Arbeitsplatz hat der Mitarbeiter zu sorgen.

Auflösung

Wir bestätigen den Eingang Ihres Schreibens vom ... an unsere Zentrale und haben von der Auflösung Ihrer Firma Kenntnis genommen.

👎 Veraltete Mitteilungsform.

Über die Auflösung Ihrer Firma haben Sie uns mit Schreiben vom ... informiert.

Aufnahmeantrag

Bereits am ... sandten wir Ihnen unseren Aufnahmeantrag zu mit der Bitte, diesen zu beantworten, damit eine Aufnahme Ihrerseits erfolgen kann.

👎 Weitschweifig

Den Antrag bitten wir alsbald zu beantworten. Erst dann kann Ihre Aufnahme erfolgen.

AUFTRAGSABSAGE

Wir danken Ihnen für Ihren Brief vom ..., bedauern jedoch, Ihnen mitteilen zu müssen, dass wir den Auftrag nicht zu Ihren Bedingungen ausführen können. Möglicherweise können Sie uns einen anderen Vorschlag machen, der besser in unser Konzept passt.

Weitschweifig; kein zeitgemäßer Mitteilungsstil.

Wir danken für Ihren Brief vom ... Leider können wir den Auftrag zu diesen Bedingungen nicht ausführen. Vielleicht gibt es eine Alternative dazu?

Wir bestätigen dankend den uns erteilten Auftrag, müssen Ihnen jedoch zu unserem Bedauern mitteilen, dass wir den Auftrag aufgrund von Kapazitätsengpässen nicht ausführen können.

Kein zeitgemäßer Mitteilungsstil.

Wir danken Ihnen für den Auftrag.
Leider können wir diesen wegen Kapazitätsengpässen nicht ausführen.

AUFTRAGSERLEDIGUNG

Um eine alsbaldige Erledigung des Auftrages bittend, zeichnen wir ...

Veraltete Formulierung.

Wir bitten um eine baldige Ausführung des Auftrages.

AUSFÜHRUNGEN

Ihren Ausführungen können wir nicht folgen, da sie nur ein ungenaues Bild von den tatsächlichen Zuständen wiedergeben.

Kürzere Formulierung ist möglich.

Ihre Ausführungen reichen für eine abschließende Bewertung nicht aus.

Aussprache

Mir scheint, dass wir uns demnächst einmal aussprechen sollten.

👎 „Um die Sache herumreden" macht immer einen schlechten Eindruck.

Am besten, wir sprechen uns einmal aus.

Bedauern

Wir bedauern, Ihnen mitteilen zu müssen, dass wir nur noch über Restposten verfügen, da es sich um Auslaufmodelle handelt.

👎 Veralteter Mitteilungsstil.

Da es sich um Auslaufmodelle handelt, verfügen wir nur noch über einen Restposten.

Bedauern, Bescheid

Wir bedauern, Ihnen keinen positiven Bescheid geben zu können.

👎 Veralteter Mitteilungsstil.

Wir können Ihnen leider keinen positiven Bescheid geben.

Bemühen

Wir werden uns bemühen, die Außenarbeiten sobald wie möglich abzuschließen.

👎 Keine klare und eindeutige Aussage.

Wir werden die Außenarbeiten termingerecht abschließen.

Benachrichtigung

Hiermit teilen wir Ihnen mit, dass wir die Produkte versandbereit gemacht haben und Ihnen diese in wenigen Tagen ausgeliefert werden.

👎 Umständliche Formulierung; kein zeitgemäßer Mitteilungsstil.

Wir teilen Ihnen mit, dass die Produkte auf dem Weg zu Ihnen sind.

Bericht

Beigefügt ist der Bericht der am Montag stattgefundenen Hauptversammlung mit den Beschlüssen für das Haushaltsjahr ...

👎 Komplizierte und unverständliche Satzstruktur.

Beiliegend erhalten Sie den Bericht für das Haushaltsjahr ...

Bericht, Aufklärung

Die Berichte haben nur kurzen informatorischen Charakter und können über die Einzelheiten nicht aufklären, denn dazu bedarf es weiterer detaillierter Stellungnahmen.

👎 Zu weitschweifig, unklar.

Die Berichte reichen in dieser Form nicht aus; uns fehlen noch die detaillierten Stellungnahmen.

Bescheid

Es tut uns sehr Leid, Ihnen zurzeit keinen besseren Bescheid geben zu können.

👎 Kein zeitgemäßer Mitteilungsstil.

Leider können wir Ihnen zurzeit keinen besseren Bescheid geben.

Bestätigung

Wir bestätigen dankend den Erhalt Ihrer Gebührentabelle und des beigefügten Kostenvoranschlags für die anvisierte Marktanalyse.

👎 Zu abstrakt.

Danke für die Gebührentabelle und den Kostenvoranschlag zur Marktanalyse.

BESTREBEN

Unser Bestreben ist es, dem Kunden immer nur die aktuelle Ware anzubieten.

👎 Veralteter Mitteilungsstil.

Unsere Kunden erhalten immer nur aktuelle Ware.

BEZUGNAHME

Bezugnehmend auf die oben näher bezeichnete Angelegenheit lassen wir Sie wissen ...

👎 Veralteter Mitteilungsstil.

In dieser Angelegenheit teilen wir Ihnen mit ...

BEZUGNAHME, ANGEBOT

Unter höflicher Bezugnahme auf Ihr Schreiben vom ..., in dem Sie uns darüber informieren, dass Sie an unserer Dienstleistung interessiert sind, teilen wir Ihnen heute mit, dass ein entsprechendes Angebot an Sie unterwegs ist.

👎 Veraltete und ausschweifende Mitteilungsform.

Wir freuen uns über Ihre Anfrage vom ... Ein entsprechendes Angebot geht Ihnen heute zu.

BEZUGNAHME, STELLUNGNAHME, KLÄRUNG

Bezugnehmend auf Ihr Schreiben stellen wir fest, dass eine Behebung des Schadens nunmehr erst am ... möglich ist.

👎 Keine zeitgemäße Mitteilungsform.

Sie können den Schaden also erst am ... beheben?

DANKSAGUNG

Wir möchten hiermit unseren Dank zum Ausdruck bringen, dass Sie sich bereit erklärt haben, an unserer Sonderaktion teilzunehmen.

👎 Klingt unterwürfig; veraltete Mitteilungsform.

Wir danken Ihnen für die Teilnahme an unserer Sonderaktion.

DRINGENDE AUSLIEFERUNG

Wir benötigen die Ware dringend, deshalb bitten wir sie, die Ware sofort auszuliefern.

👎 Geht auch noch kürzer und präziser.

Wir benötigen die Ware dringend. Bitte liefern Sie sofort aus.

EINIGUNG, SCHIEDSSTELLE

Falls wir uns nicht einigen können, muss eine Schiedsstelle in Anspruch genommen werden.

👎 Geht auch kürzer!

Im Zweifelsfalle muss eine Schiedsstelle angerufen werden.

EINVERSTÄNDNIS

Wir können Ihnen heute mitteilen, dass wir mit Ihren Zahlungsbedingungen einverstanden sind.

👎 Auch kürzer möglich.

Wir sind mit Ihren Zahlungsbedingungen einverstanden.

ENTSCHEIDUNG, PROJEKT

Über das in Frage stehende Projekt werden wir Sie so bald wie möglich informieren.

👎 Geht auch noch kürzer.

Über das Projekt werden wir Sie bald informieren.

ERFOLGREICHER EINSATZ

Wir wünschen Ihnen viel Erfolg mit dem Einsatz unserer Werbemittel.

☟ Geht auch noch kürzer!

Viel Erfolg mit unseren Werbemitteln!

ERGÄNZUNGEN

Die bestehenden Möglichkeiten zur Umsetzung unserer Planziele sind ausreichend und bedürfen keiner weiteren Ergänzungen.

☟ Veralteter Mitteilungsstil.

Die Möglichkeiten zur Umsetzung unserer Planziele sind ausreichend.

ERLEDIGUNG, UNTERLAGEN

In Erledigung der Mängel, die aufgetreten sind, bitten wir um möglichst rasche Zusendung der Ersatzteile.

☟ Veraltete Mitteilungsform.

Bitte senden Sie uns schnellstens die Ersatzteile zu, damit wir die Mängel beheben können.

FEHLER

Aufgrund eines Fehlers, den wir erst jetzt bei eingehender Prüfung bemerkt haben, ist das Gerät nicht einsatzfähig und darf daher nicht verwendet werden.

☟ Weitschweifig.

Das Gerät ist fehlerhaft und darf nicht verwendet werden!

FÖRDERUNG

Nach unseren eigenen Erfahrungen und den eingeholten Informationen über die betreffende Planstelle sind wir zu der Überzeugung gekommen, dass eine Förderung durchaus zweckmäßig ist.

Komplizierte Satzkonstruktion.

Nach unserer Kenntnis ist eine Förderung der Planstelle durchaus zweckmäßig.

FORM DER ZUSAMMENARBEIT

Was die Entwicklung anbetrifft, ob eine Zusammenarbeit in der einen oder anderen Form möglich ist, so bitte ich Sie, sich noch ein wenig zu gedulden, da unser Vorstand erst noch darüber beraten muss.

Zu weitschweifig und unklar.

Erst eine Beratung unseres Vorstandes wird zeigen, ob eine Zusammenarbeit möglich ist. Ich bitte Sie noch um etwas Geduld.

FRAGEN, BEANTWORTUNG

Hoffentlich konnten wir Ihre Fragen erschöpfend beantworten ...

In dieser Aussage klingen Selbstzweifel mit. Offenbar ist sich der Verfasser seiner Sache nicht sicher.

Wir hoffen, Ihre Fragen beantwortet zu haben.

FRIST, BESTELLUNG, STORNO

Sollten Sie die Ware nicht innerhalb der nächsten sechs Werktage ausliefern, sehen wir uns gezwungen, den Bestellauftrag rückgängig zu machen.

Geht auch kürzer und präziser.

Trifft die Ware nicht wie vereinbart bis zum ... ein, machen wir den Auftrag rückgängig.

Fristgemäss, Entschuldigung

Bedingt durch die jetzt aufgetretene Urlaubszeit und die damit verbundenen Personalengpässe können wir Ihnen die Unterlagen erst heute zusenden. Wir bitten dies vielmals zu entschuldigen.

👎 Die Aussage klingt unbeholfen und floskelhaft.

Aufgrund der Urlaubszeit kommen die Unterlagen erst heute zu Ihnen. Wir bitten dies zu entschuldigen.

Grussformel

In Erwartung Ihrer weiteren Nachricht verbleiben wir mit freundlichen Grüßen ...

👎 Klingt veraltet; keine zeitgemäße Grußformel.

Gerne hören wir von Ihnen.
Mit freundlichen Grüßen ...

Für Ihre Mühewaltung danken wir Ihnen und verbleiben mit freundlicher Empfehlung ...

👎 Veraltete Grußformel.

Für Ihre Bemühungen danken wir Ihnen.
Mit freundlichen Grüßen.

Grussformel, langjährige Geschäftsbeziehung

Wir freuen uns auf eine zufrieden stellende Fortsetzung unserer langjährigen Geschäftsbeziehung.

👎 Keine zeitgemäße Grußformel.

Wir freuen uns auch weiterhin auf eine Zusammenarbeit mit Ihnen.

Information, Auslieferung

Wir teilen Ihnen mit, dass wir mit der Produktion begonnen haben und es bald zu einer Auslieferung kommt.

👎 Kann anders und kürzer formuliert werden.

Die Produktion hat begonnen. Wir liefern demnächst aus!

Informationen

Wir hoffen, dass Ihnen die Informationen weiterhelfen und Sie sich ein genaueres Bild über die Einsatzmöglichkeiten unserer Produkte machen können.

- Zu weitschweifig.

Die Informationen sollen Ihnen die Einsatzmöglichkeiten unserer Produkte aufzeigen.

Kenntnisnahme

Ihre Beschwerde ist bei uns eingegangen. Wir haben diese zur Kenntnis genommen.

- Beamtendeutsch. Bitte vermeiden!

Für Ihre Anregungen und Hinweise danken wir Ihnen.

Lieferfrist

Wir möchten Sie höflichst darauf aufmerksam machen, dass die Lieferfrist überschritten ist und wir nunmehr nur noch wenige Artikel auf Lager haben.

- „Höflichkeit" ist hier nicht mehr angebracht, da der Betreffende in einer kritischen Lage ist.

Die Lieferfrist ist bereits überschritten und wir haben nur noch wenige Artikel auf Lager. Bitte liefern Sie sofort.

Mahnbescheid

Nachdem Sie unseren letzten Mahnbescheid erhalten haben und Sie daraus für sich erkennen konnten, dass nun ernsthafte Konsequenzen folgen, falls Ihre Zahlung ausbleibt, sind wir nun doch bereit, über die Rückzahlungsmodalitäten zu sprechen.

- Unklare und nachgiebige Haltung, die alles offen lässt.

Sie haben unseren letzten Mahnbescheid ernst genommen und wollen nun über die Rückzahlungsmodalitäten verhandeln. Wir schlagen Ihnen folgende Regelung vor ...

Mitteilung

Wir bitten Sie, uns mitzuteilen, wann wir mit Ihrem Erscheinen rechnen können.

Veralteter Mitteilungsstil.

Bitte teilen Sie uns mit, wann Sie bei uns eintreffen.

Modalitäten

Aufgrund Ihres interessanten Angebotes hoffen wir bald wieder von Ihnen zu hören, damit die Modalitäten abgesprochen werden können.

Kein zeitgemäßer Mitteilungsstil; zu floskelhaft.

Ihr Angebot interessiert uns. Bitte teilen Sie uns die Modalitäten mit.

Muster, Entscheidung

Wir bitten Sie freundlichst um ein Musterexemplar, damit wir bessere Entscheidungsmöglichkeiten haben.

Zu floskelhaft und veraltet in der Formulierung.

Um eine Entscheidung zu treffen, benötigen wir ein Musterexemplar.

Muster, Zusendung

Wir senden Ihnen hiermit ein Muster zu, das vermutlich für Ihre Zwecke geeignet sein dürfte.

Mit Selbstzweifel (... vermutlich, dürfte!) kann man keine Kunden gewinnen.

Für Ihre Zwecke erhalten Sie heute eine Musterzusendung.

NEUES PREISANGEBOT, KUNDENBINDUNG

Da wir sehr bestrebt sind, Sie als unseren Kunden zu behalten, haben wir unsere Preiskalkulation überprüft und können Ihnen nun folgendes Angebot machen: ...

👎 Floskel, die schnell vom Kunden durchschaut wird.

Wir wollen Sie auch in Zukunft zu unseren Kunden zählen und machen Ihnen folgendes Angebot:

ORDNUNGSGEMÄSS

Soweit uns bekannt ist, wurden in der Vergangenheit die Rechnungen ordnungsgemäß beglichen, so dass wir in keinerlei Weise Grund zur Beanstandung gehabt hätten.

👎 Kann kürzer und deutlicher formuliert werden.

Bisher wurden die Rechnungen immer beglichen. Zu einer Beanstandung ist es bisher nicht gekommen.

PARTNERSUCHE

Sie suchen einen zuverlässigen und günstigen Partner, mit dem Sie erfolgreich am Markt operieren können, der seit langem über ausreichende Kenntnisse zur Herstellung von ... verfügt und ein dichtes Servicenetz betreibt? Dann sind wir der richtige Partner für Sie.

👎 Zu weitschweifig.

Zuverlässige und kompetente Partner mit einem dichten Vertriebsnetz sind die Ausnahme. Wir können diese Anforderungen erfüllen. Sprechen Sie mit uns!

PERSONALKOSTEN

Wir müssen zusammenfassend feststellen, dass sich eine Aufstockung der Personalkosten nicht mit den Gewinnaussichten in Einklang bringen lässt.

👎 Zweideutige Bemerkung; es fehlt die klare Position.

Die Personalkosten können aufgrund der Gewinnaussichten nicht aufgestockt werden.

Pläne, Zusendung

Im Übrigen müssen wir Ihnen mitteilen, dass wir die von Ihnen gewünschten Pläne derzeit nicht zur Verfügung haben und daher erst später zusenden können.

Unklar und weitschweifig.

Die von Ihnen gewünschten Pläne können wir Ihnen erst später zusenden.

Preise, Informationen

Wir sind jetzt in der Lage, Ihnen unsere neuesten Preise und Informationen zukommen zu lassen.

Negativformulierung (... wir waren früher nicht in der Lage ...).

Wir können Ihnen jetzt unsere neuesten Preise und Informationen zusenden.

Problem, Lösung

Wir hoffen, dass wir auch die in Zukunft auftretenden Probleme gemeinsam lösen können.

Floskelhafte Formulierung.

Auch in der Zukunft werden wir die Probleme gemeinsam lösen.

Produkt

Leider befinden sich die Produkte noch in der Entwicklung, deshalb können wir nicht abschätzen, ob es zu einer Serienproduktion kommt.

Geht auch noch kürzer.

Die Produkte befinden sich in der Entwicklung, deshalb ist eine Serienproduktion noch nicht abzusehen.

PROSPEKTE

Beigefügt erhalten Sie die von Ihnen angeforderten Prospekte und Muster zur freundlichen Ansicht.

Kein zeitgemäßer Mitteilungsstil.

Anbei erhalten Sie die gewünschten Prospekte und Muster.

PRÜFUNG

Diesen Vorschlag müssen wir jedoch einer eingehenden Überprüfung unterziehen.

Umständlich. Es fehlt die klare Botschaft!

Der Vorschlag muss noch geprüft werden.

PRÜFUNG, DIFFERENZ

Wir haben die Unterlagen einer Prüfung unterzogen und dabei einige ungleiche Daten festgestellt, die wir so nicht übernehmen können.

Kann kürzer und genauer formuliert werden

In den Unterlagen haben wir Differenzen festgestellt, die geklärt werden müssen.

QUALITÄT, PREISNACHLASS

Unsere Preise sind knapp kalkuliert, so dass jeder weitere Nachlass eine Qualitätsminderung zur Folge hätte, die wir auch im Interesse unserer Kunden nicht vertreten können.

Viel zu lang!

Qualität hat seinen Preis. Und unsere Kunden schätzen unsere Qualität. Wir können deshalb keinen Nachlass mehr gewähren.

RATIONALISIERUNG

Wie wir Ihnen bereits mitgeteilt haben, besteht die Notwendigkeit zur Rationalisierung zwingend, da sonst unsere Mitbewerber über dauerhafte Vorteile verfügen.

👎 Umständliche und ausschweifende Satzkonstruktion.

Rationalisierungsmaßnahmen sind notwendig, damit wir auch in Zukunft konkurrenzfähig bleiben.

RECHTSWEG

Bitte nehmen Sie zur Kenntnis, dass wir im äußersten Falle auch den Rechtsweg beschreiten.

👎 Kürzer ist oft deutlicher!

Wir können den Rechtsweg nicht ausschließen.

REKLAMATION

Wie wir Ihrem Schreiben entnehmen konnten, war die Sendung unvollständig und Teile der Ausstattung waren defekt, deshalb wünschen Sie eine Neuzustellung.

👎 Weitschweifige Formulierung des Sachverhaltes.

Für die fehlerhafte Zusendung entschuldigen wir uns. Selbstverständlich erhalten Sie eine Ersatzlieferung.

RESERVE

Die Ware wird einerseits kaum noch hergestellt, andererseits halten wir immer noch eine kleine Reserve für unsere Kunden bereit.

👎 Was denn nun? Unklare Formulierung!

Trotz der geringen Herstellungsmenge halten wir immer einen kleinen Vorrat bereit.

RÜCKMELDUNG

Bitte füllen Sie den beigefügten Coupon aus und versehen Sie diesen mit Ihrem Firmenstempel, dem aktuellen Datum und senden Sie uns diesen wieder zurück

Zu weitschweifig und umständlich.

Den Coupon mit Firmenstempel und Datum senden Sie bitte an uns zurück.

RUF

Wir möchten uns über den Ruf der Firma ein genaueres Bild machen und dazu noch verschiedene Informationen einholen, um dann eine abschließende Entscheidung treffen zu können.

Eine kürzere und eindeutigere Aussage ist möglich.

Über die betreffende Firma wollen wir erst noch Erkundigungen einholen. Erst dann werden wir eine Entscheidung treffen.

SACHVERHALT

Wir haben Ihr o. g. Schreiben erhalten und teilen Ihnen zu dem aufgeführten Sachverhalt Folgendes mit: ...

Veralteter Mitteilungsstil.

Zu dem Sachverhalt teilen wir Ihnen Folgendes mit: ...

SCHADEN

Schon in der letzten Woche haben wir den Schaden bei Ihnen gemeldet, doch bisher haben Sie in keiner Weise daran gedacht, diesen zu beheben.

Unbeholfene Formulierung.

Der am ... gemeldete Schaden wurde bisher nicht von Ihnen behoben.

Schaden, Problem

Wir werden alles tun, um den Schaden zu beheben und das Problem zu unserer beiderseitigen Zufriedenheit zu lösen.

👎 Zu lang!

Wir lösen das Problem im beiderseitigen Interesse.
oder
Zufriedene Kunden sind uns wichtig. Wir werden den Schaden beheben.

Schliessung

Wenn wir noch weitere Filialen schließen, ist eine Umsatzsteigerung meines Verkaufsgebietes unter diesen Umständen nicht mehr möglich.

👎 Weitschweifige Formulierung.

Die Schließung weiterer Filialen hat einen Umsatzrückgang für mein Gebiet zur Folge.

Service, Lieferumfang

Wir garantieren einen höchstmöglichen Leistungsumfang, da wir über ein ausgezeichnetes Servicenetz verfügen und bundesweit vertreten sind.

👎 Zu weitschweifig; Superlative eher ungünstig.

Unser bundesweites Servicenetz macht einen großen Leistungsumfang möglich.

Sonderkonditionen, Absage

Zu unserem Bedauern können wir Ihnen keine Sonderkonditionen einräumen, da unsere Preise schon äußerst knapp kalkuliert sind.

👎 Umständlicher und veralteter Mitteilungsstil.

Unsere Preise sind knapp kalkuliert, deshalb können wir keine Sonderkonditionen gewähren.

SONDERKONDITIONEN, MITBEWERBER

Aus Ihrem Schreiben ersehen wir, dass unsere Mitbewerber eher dazu geneigt sind, Ihnen Sonderkonditionen einzuräumen, als wir.

Weitschweifig und zu floskelhaft.

Ihrem Schreiben entnehmen wir, dass Ihnen unser Mitbewerber Sonderkonditionen einräumt.

STANDPUNKT

Unseren Standpunkt haben wir mehrfach erläutert, dennoch haben wir von Ihnen bisher keine befriedigende Antwort erhalten.

Kann kürzer und eindeutiger formuliert werden.

Unser Standpunkt ist Ihnen bekannt. Nun interessiert uns Ihre Meinung dazu.

STELLUNGNAHME

Zu den von Ihnen genannten Bedenken, die Sie in Ihrem Bericht vom ... geäußert haben, nehmen wir wie folgt Stellung: ...

Komplizierter Einstiegssatz.

Zu Ihren Bedenken teilen wir Ihnen Folgendes mit ...

TELEFONGESPRÄCH, VEREINBARUNG

Unser Herr Kluge hat bereits ein langes Telefongespräch mit Ihnen geführt, demzufolge eine Auslieferung bereits in den nächsten Tagen möglich ist.

Umständlicher Einleitungssatz.

Wie Ihnen Herr Kluge bereits mitgeteilt hat, findet eine Auslieferung in den nächsten Tagen statt.

Termin

Wir machen Sie darauf aufmerksam, dass der Termin unbedingt einzuhalten ist.

👎 Kein zeitgemäßer Mitteilungsstil.

Der Termin ist verbindlich.

Terminabsage

Zwingende geschäftliche Umstände lassen es leider nicht zu, Ihrer geschätzten Einladung zu folgen.

👎 Veralteter Mitteilungsstil.

Leider kann ich aus zwingenden Gründen Ihrer Einladung nicht folgen.

Terminabsprache

Sollte unser Treffen am ... nicht stattfinden können, bitten wir Sie, uns hierüber Mitteilung zu machen.

👎 Geht auch noch kürzer und präziser.

Bitte teilen Sie uns mit, ob der Termin am ... stattfinden kann.

Termineinhaltung

Nach Rücksprache mit unserer Verkaufsabteilung ist es unabdingbar, dass die Produkte am ... zur Verfügung gestellt werden.

👎 „Unabdingbar" klingt altmodisch.

Unsere Verkaufsabteilung benötigt die Produkte bis spätestens ...

Umsetzung

Anliegend überreichen wir Ihnen unseren detaillierten Vorschlag zur Umsetzung der neuen Werbemaßnahmen.

👎 Dieser Aussage fehlt der „Biss".

Hier ist unser Vorschlag zu den neuen Werbemaßnahmen.

UNTERLAGEN, BESCHEID

Nach den uns vorliegenden Unterlagen wurde der o.g. Bescheid bereits am ... zugestellt.

👎 Bestes Beamtendeutsch. Vermeiden!

Der Bescheid wurde Ihnen bereits am .... zugestellt.

UNTERSCHRIFT

Wir bitten Sie höflichst, den beigefügten Vertrag zu unterschreiben und uns baldmöglichst zuzusenden.

👎 Veraltete Mitteilungsform.

Bitte senden Sie uns den Vertrag unterschrieben zurück.

URLAUBSANTRAG

Die Möglichkeit, nachträglich einen Urlaubsantrag zu stellen, ist unkorrekt und kann daher nicht gebilligt werden.

👎 „Gebilligt" ist kein zeitgemäßer Ausdruck mehr.

Ein nachträglich gestellter Urlaubsantrag ist unwirksam.

VERBESSERUNG

Eine wesentliche Verbesserung des Materials erzielt man nur durch ein aufwendigeres Verfahren.

👎 Kürzere Formulierung möglich.

Nur durch ein aufwendigeres Verfahren wird das Material besser.

VERFAHRENSWEISE

Die Verfahrensweise zur Gewinnung neuer Kunden ist einzigartig und bedarf keiner Änderungen.

👎 Kürzere und präzisere Formulierung ist möglich.

Unser Verfahren ist erfolgreich, wir wollen vorerst nichts daran ändern.

Verlängerung

Die in den vergangenen Jahren bei Ihnen abgehaltenen Seminare waren immer erfolgreich, und so denken wir über eine Verlängerung der Seminartermine nach.

👎 Weitschweifig.

Wir wollen die erfolgreichen Seminare fortsetzen und denken derzeit über eine Terminverlängerung nach.

Verlegung der Produktionsstätte

Die Verlegung unserer Produktionsstätte ist dringend geboten, um auch in Zukunft kostengünstig zu produzieren und damit konkurrenzfähig zu sein.

👎 Veralteter Mitteilungsstil.

Um auch in Zukunft kostengünstig zu produzieren, müssen wir unsere Produktionsstätte nach ... verlegen.

Verpflichtungen

Wir hoffen, dass Sie Ihren Verpflichtungen nachkommen und den Auftrag termingerecht ausführen.

👎 Hoffen oder fordern? Eine Forderung müsste anders lauten.

Wir rechnen mit einer termingerechten Ausführung des Auftrages.

Versicherungsnummer

Leider haben Sie bei der Zusendung der Unterlagen vergessen, die Versicherungsnummer anzugeben, ohne die wir den Schadensfall nicht bearbeiten können.

👎 Umständlich in der Aussage.

Da wir den Schadensfall nur bearbeiten können, wenn wir die Versicherungsnummer haben, bitten wir, diese nachzureichen.

VERSPÄTETE AUSLIEFERUNG

Den gestern von Ihnen erhaltenen Mitteilungen konnten wir entnehmen, dass unsere Bestellung über Zusatzteile der Marke Z107 erst am ... ausgeliefert werden kann. Dieser verspätete Auslieferungstermin kann von uns nicht akzeptiert werden.

👎 Verschachtelte Satzstruktur, kompliziert und unklar.

Da wir die Teile der Marke Z107 dringend benötigen, können wir den späteren Auslieferungstermin nicht akzeptieren.

VERSTÄNDNIS

Wir bitten Sie freundlichst, die aufgetretenen Schwierigkeiten zu entschuldigen.

👎 Veralteter Mitteilungsstil.

Bitte entschuldigen Sie die aufgetretenen Schwierigkeiten.

VERSTÄNDNIS, KUNDENBINDUNG

Wir danken Ihnen für Ihr wohlwollendes Verständnis und freuen uns, dass wir Sie dennoch zu unseren geschätzten Kunden zählen dürfen.

👎 „Wohlwollendes Verständnis" und „geschätzter Kunde" sind veraltete und floskelhafte Formulierungen.

Wir danken für Ihr Verständnis und freuen uns, Sie zu unseren zufriedenen Kunden zu zählen.

VERTRAG

Sollten wir bis zum ... nichts mehr von Ihnen hören, gehen wir davon aus, dass der Vertrag zustande kommt.

👎 Geht auch kürzer und prägnanter.

Hören wir bis zum ... nichts mehr von Ihnen, kommt der Vertrag zustande.

VERTRIEBSNETZ

Das Vertriebsnetz ist bestens ausgebaut, so dass der Erfolg weitestgehend von Ihrem persönlichen Einsatz abhängt.

Keine zeitgemäße Formulierung.

Unser Vertriebsnetz unterstützt Ihren persönlichen Erfolg.

VORGEBRACHTE MEINUNG, VERTRAGSÄNDERUNG

Die in Ihrem Schreiben vom ... vorgebrachte Meinung respektieren wir zwar, können jedoch keine Umwandlung des Vertrages vornehmen.

Weitschweifig und uneindeutig.

Ihre Meinung ist uns wichtig, dennoch können wir keine Umwandlung des Vertrages vornehmen.

VORSCHLAG, HÖCHSTES INTERESSE

Der von Ihnen vorgebrachte Vorschlag zur Steigerung der Produktion hat bei uns höchstes Interesse gefunden.

Keine zeitgemäße Formulierung.

Ihr Vorschlag zur Produktionssteigerung hat bei uns großes Interesse gefunden.

VORSCHLÄGE

Wir bedauern, dass Sie unseren Vorschlägen nicht zustimmen konnten, obwohl wir diese ausführlich dargelegt hatten.

Umständliche und veraltete Formulierung.

Sie konnten unseren Vorschlägen nicht zustimmen – lassen Sie uns trotzdem im Gespräch bleiben.

VORSCHLÄGE, EINVERSTÄNDNIS

Mit Ihren Vorschlägen sind wir einverstanden und können Ihnen eine Zusage machen.

Geht noch kürzer!

Wir sind mit Ihren Vorschlägen einverstanden.

VORZUG

Wir würden uns freuen, wenn Sie unserem Angebot den Vorzug geben würden und wir wieder von Ihnen hören.

Hier fehlt die bestimmende Formulierung.

Unser Angebot wird Ihnen zusagen.
Gerne hören wir von Ihnen.

VORZUGSPREIS

Wenn Sie sich innerhalb der nächsten 14 Tage für eine Bestellung entscheiden, können wir Ihnen einen Vorzugspreis einräumen. Sofern Sie noch Fragen dazu haben, lassen Sie uns dies bitte wissen.

Kann kürzer und treffender formuliert werden.

Bei einer Bestellung innerhalb von 14 Tagen gewähren wir Ihnen einen Vorzugspreis. Fragen beantworten wir Ihnen gerne.

ZEITDRUCK, UMSTÄNDE, MITTEILUNG

Unter den gegebenen Umständen und in Anbetracht des Zeitdrucks kann ich Ihnen heute leider keine positive Mitteilung machen.

Klingt eher nach Ausrede. Es fehlt an Deutlichkeit.

Zurzeit kann ich Ihnen leider keine positive Mitteilung machen.

Zulieferung

Über die von Ihnen genannte Firma haben wir erfahren, dass eine Zulieferung derzeit nicht möglich ist.

👎 Umständliche Aussage.

Eine Zulieferung der Firma ... ist derzeit nicht möglich.

Zusage, Lieferung

Sie können sich auf eine schnellstmögliche Lieferung verlassen, da wir über einen zuverlässigen Spediteur verfügen.

👎 Geht auch noch kürzer.

Eine schnelle Lieferung gewährleistet unser Spediteur.

Zusammenarbeit

Wenn Ihr Angebot unseren Vorstellungen entspricht und wir eine Zusammenarbeit in Erwägung ziehen, werden wir Sie bitten, mit uns in einem persönlichen Gespräch die weiteren Einzelheiten zu besprechen.

👎 Kein zeitgemäßer Mitteilungsstil.

Sobald eine Entscheidung über Ihr Angebot gefallen ist, können wir einen Gesprächstermin vereinbaren.

Wir fänden es bedauerlich, wenn unsere Zusammenarbeit aufgrund von Meinungsverschiedenheiten enden würde.

👎 Floskelhafte Formulierung.

Verschiedene Ansichten sollten kein Grund sein, die Zusammenarbeit zu beenden.

Zusammenhang, Unterlagen

In diesem Zusammenhang möchten wir Sie bitten, uns die Unterlagen umgehend zurückzusenden, damit wir diese noch rechtzeitig an unsere Hauptgeschäftsstelle weiterleiten können.

👎 Umständliche Formulierung.

Bitte senden Sie uns möglichst rasch die unterschriebenen Unterlagen zu. Wir werden diese sofort weiterleiten.

ZUSENDUNG, ANSCHRIFT

Da die Zusendung schon Mitte des Monats ausgeführt werden soll, wären wir Ihnen verbunden, wenn Sie uns die neue Anschrift der Filiale, wohin die Sendung gehen soll, nennen würden.

👎 Umständliche und weitschweifige Formulierung.

Die Zusendung soll Mitte des Monats erfolgen. Bitte teilen Sie uns die Anschrift der neuen Filiale mit.

ZUSENDUNG, MÄNGEL

Hierbei konnte festgestellt werden, dass die Zusendung große Mängel aufwies.

👎 Keine zeitgemäße Formulierung.

Wir haben festgestellt, dass die Zusendung große Mängel aufweist.

ZUSICHERUNG

Wir sichern Ihnen gerne eine schnellstmögliche Lieferung zu.

👎 Kürzere Formulierung möglich. Die Wörter „gerne“ und „schnellstmöglich“ sind überflüssig.

Wir sichern Ihnen eine schnelle Lieferung zu.

3. Kapitel
Gelungene Sätze – zufriedene Kunden und Mitarbeiter

Glückwünsche können zu vielen Gelegenheiten ausgesprochen werden. Besondere Anlässe erfordern besondere Worte. So ist es auch mit Gratulationen und Glückwünschen zu den unterschiedlichsten Themen. Ihre Geschäftspartner und Mitarbeiter freuen sich vor allem über ein paar persönliche Worte. Auch hier gilt: Es muss nicht lang sein. Gratulieren und kondolieren kann man mit kurzen Sätzen. Es kommt auf die Wirkung an – und da ist nicht die Textlänge entscheidend, sondern die Wortwahl. Probieren Sie es aus!
Dabei können folgende Gratulationssätze den **Anfang** oder **Abschluss** bilden:

Herzlichen Glückwunsch zum ...

Wir gratulieren ganz herzlich ...

Herzlichen Glückwunsch und alles Gute für die Zukunft!

Unsere herzlichen Glückwünsche ...

Ich gratuliere Ihnen ganz herzlich ...

Wir gratulieren Ihnen zur bestandenen Prüfung ...

Die herzlichen Glückwünsche zum ...

Im Namen der Geschäftsleitung/des Vorstandes gratuliere ich Ihnen ...

Unseren Glückwunsch zur bestandenen Prüfung ...

Zu Ihrem 50. Geburtstag/Jubiläum gratulieren wir Ihnen ganz herzlich ...

Herzlichen Glückwunsch zur Beförderung!

Zu Ihrem Geburtstag gratuliere ich Ihnen ganz herzlich!

Alles Gute an Ihrem heutigen Tage ...

Wir gratulieren Ihnen ganz herzlich
und wünschen Ihnen für die Zukunft alles Gute.

Sie können Ihre Glückwünsche aber auch mit einem Zitat einleiten und dieses anschließend mit persönlichen Worten kommentieren. Das gibt Ihrer Gratulation eine besondere Note! Wählen Sie aus:

Thema: Besondere Leistungen, Prüfungen und sonstige berufliche Hürden

Der Erfolg bedeutet die Tat.
Ovid

...und dazu haben Sie jede Menge beigetragen!

Ausdauer und Entschlossenheit sind zwei Eigenschaften, die bei jedem Unternehmen den Erfolg sichern.
Leo N. Tolstoi

... daran hat es Ihnen nie gefehlt. Herzlichen Glückwunsch!

Guter Wille ist höher als aller Erfolg.
Johann Wolfgang von Goethe

... diesen Willen haben Sie immer gehabt, und er hat Ihnen Erfolg gebracht!

Es kommt nichts im Schlaf.
Deutsches Sprichwort

... davon können Sie wohl ein Lied singen. Doch Sie haben es geschafft. Wir gratulieren Ihnen zur bestandenen Prüfung!

Reiskörner fallen nicht vom Himmel.
Chinesisches Sprichwort

... das stimmt. Aber man kann sie zur rechten Zeit auflesen und einsammeln.
Das haben Sie mit Erfolg getan. Wir gratulieren Ihnen zu Ihren besonderen Leistungen!

Eine Folge von kleinen Willensakten liefert ein bedeutendes Ergebnis.
Charles Baudelaire

Mit Ihren „Willensakten" haben Sie ganz persönlich zum Erfolg unseres Projektes beigetragen. Herzlichen Glückwunsch!

Für seine Arbeit muss man Zustimmung suchen, aber niemals Beifall.
Charles de Montesquieu

... daran haben Sie sich gehalten und Erfolg geerntet. Wir gratulieren Ihnen!

Es hat noch niemand etwas Ordentliches geleistet, der nicht etwas Außerordentliches leisten wollte.
Marie von Ebner-Eschenbach

... und Außerordentliches wollten Sie schon immer leisten. Es ist Ihnen gelungen.
Herzlichen Glückwunsch!

Erfolg ist eine Folgeerscheinung, niemals darf er zum Ziel werden.
Gustave Flaubert

An diese Regel haben Sie sich gehalten, sie war ausschlaggebend für Ihren Erfolg.
Wir gratulieren!

Ob jemand sich bewährt, hängt nicht nur von seinem Tun, sondern auch von seinen Absichten ab.
Demokrit

Sie haben sich in der schwierigen Phase der Umstrukturierung bestens bewährt. Die Erfolge sind für alle sichtbar. Wir gratulieren Ihnen!

Je größer die Schwierigkeiten, die man überwand, desto größer der Sieg.
Cicero

... und Schwierigkeiten gab es genug!
Diese haben Sie mit Sachverstand und Einsatzbereitschaft gemeistert. Das Resultat überzeugt. Wir gratulieren Ihnen ganz herzlich!

Der Erfolg bietet sich meist denen, die mutig handeln; nicht denen, die alles abwägen und nichts wagen wollen.
Herodot

Mit Mut haben Sie die Aufgaben angepackt. Und wie man sieht, sprechen die Resultate für sich. Herzlichen Glückwunsch!

Thema: Dank

Grund zur Dankbarkeit gibt es immer wieder. Vielleicht hat Ihre Assistentin gerade wieder einen Termin gerettet. Ihr Mitarbeiter hat doch noch in allerletzter Minute die Statistik fertig gemacht, und der Marketing-Abteilung ist es gelungen die passende Headline zu finden.
Große Worte müssen nicht sein. Doch neben den Blumen und der Schokolade sollten auch ein paar Zeilen nicht fehlen ...

Die ganze Weisheit des Menschen sollte darin bestehen, jeden Augenblick mit voller Kraft zu ergreifen, ihn so zu benutzen, als wäre es der einzige, letzte. Es ist besser, mit gutem Willen etwas zu schnell zu tun, als untätig zu bleiben.
Friedrich Schiller

... das haben Sie getan. Schnell und sicher. Vielen Dank!

Niemand dient einem andern aus freien Stücken; weiß er aber, dass er damit sich selber dient, so tut er es gern.
Johann Wolfgang von Goethe

... das haben Sie wieder einmal bewiesen. Ich danke Ihnen.

Geben lernt man, wie viele große Dinge, nur durch Übung. Dann aber wird es eine der größten Lebensfreuden.
Carl Hilty

... wie immer, wenn Not am Mann ist, kann ich mich auf Sie verlassen. Herzlichen Dank.

Wer eine Wohltat zu vergelten weiß, ist mehr denn alle Schätze wert als Freund.
Sophokles

Ich weiß, was ich Ihnen zu verdanken habe.

In jede hohe Freude mischt sich eine Empfindung der Dankbarkeit.
Marie von Ebner-Eschenbach

... meinen Erfolg habe ich auch Ihrer Mitarbeit zu verdanken.

Es gibt Augenblicke in unserem Leben, in denen Zeit und Raum tiefer werden und das Gefühl des Daseins sich unendlich ausdehnt.
Charles Baudelaire

... diesen Augenblick habe ich heute erlebt, als mir das Diplom ausgehändigt wurde. Danke für Ihre Mitarbeit.

Ich fühle, dass Kleinigkeiten die Summe des Lebens ausmachen.
Charles Dickens

... und da habe ich reichlich Glück gehabt – dank Ihrer Mitarbeit.

Der Wunsch, Gutes zu tun, ist ein kühner, stolzer Wunsch: Man muss schon sehr dankbar sein, wenn einem ein kleiner Teil davon gewährt wird.
Johann Wolfgang von Goethe

... dankbar bin ich für alles, was mir bisher gewährt wurde. Vor allem meinen Mitarbeitern, die mir immer zur Seite standen.

Alles gelingt, was man mit rechtem Eifer angreift.
Samuel Smiles

... dabei haben Sie mich immer tatkräftig unterstützt. Danke.

Thema: Geburtstag

Der Geburtstag ist für viele Menschen ein wichtiges Datum, das auch von Vorgesetzten, Firmenchefs, Geschäftsfreunden und Mitarbeitern gewürdigt werden sollte. Ein humorvolles oder weises Zitat bringt Schwung in Ihre Glückwünsche und macht der schönsten Geburtstagstorte Konkurrenz.

AM LEBEN LERNEN

Am Leben lernen, das ist das, mit dem der rechte Mensch nie zu Ende kommt.
Theodor Heuss

... den Stoff dazu gibt es reichlich!
Wir wünschen Ihnen alles Gute zum Geburtstag!

ANFANGEN

Wie fangen wir's an?
Das sage mir einer.
Lang leben will jedermann,
alt werden keiner.
Eduard von Bauernfeld

Wie fangen wir's an? Die große Frage! Eine Lösung habe ich nicht parat, doch will ich Ihnen für die weiteren Jahre nur das Beste wünschen.

ANSCHAUEN

Ich lebe im Anschauen.
Dabei sind mir tausend Lichter aufgegangen.
Johann Wolfgang von Goethe

... und viele weitere Lichter mögen noch folgen!

BETRACHTUNGSWEISE

Betrachte alles von der guten Seite.
Thomas Jefferson

Diese Sichtweise wünsche ich Ihnen auch für die Zukunft!

BEWEGUNG

Je mehr Bewegung man in seinem Geiste auffasst, je glücklicher ist man.
Christian Morgenstern

Da hat der Dichter Recht ... wenn doch nur der Stress nicht wäre! Trotzdem viel Erfolg und gute Laune auch weiterhin!

DAS LEBEN

Das Leben hat mich nicht enttäuscht. Von Jahr zu Jahr finde ich es vielmehr reicher, begehrenswerter und geheimnisvoller.
Friedrich Nietzsche

... diese Erfahrung wünsche ich auch Ihnen!

DAS LEBEN VERLÄNGERN

Das ganze Geheimnis, sein Leben zu verlängern, besteht darin, es nicht zu verkürzen.
Ernst von Feuchtersleben

... das ist Ihnen ja bisher immer ganz gut gelungen!

DER DENKENDE

Nur der Denkende erlebt sein Leben. Am Gedankenlosen zieht es vorbei.
Marie von Ebner-Eschenbach

... und wir wünschen Ihnen, dass gute Gedanken auch weiterhin Ihren Lebensweg begleiten mögen!

ERDULDEN

Im Laufe des Lebens erduldet man viel, es sei nun vom Veralteten oder Überneuem.
Johann Wolfgang von Goethe

... womit der Dichterfürst wieder einmal Recht hat!

FESTE

Ein Leben ohne Feste ist ein langer Weg ohne Einkehr.
Demokrit

... und mögen daher noch viele Feste folgen!

FREUEN

Lerne vor allem dich freuen.
Seneca

GLÜCK

Das Glück deines Lebens hängt von der Beschaffenheit deiner Gedanken ab.
Marc Aurel

... und gute Gedanken mögen Sie auch in die Zukunft begleiten!

GLÜCKLICH

Ihn, der aus jeglichem Tag sich sein Glück holt, ihn allein preise ich glücklich.
Euripides

GRUNDSÄTZE

Um alt zu werden, darf man keine Grundsätze haben.
Ludwig Börne

... jedenfalls nicht im Übermaß!

HARMONIE

Das höchste Gut sei Harmonie mit sich selbst.
Seneca

... und davon wünsche ich/wünschen wir Ihnen eine ganze Menge!

HEITERKEIT

Der Heitere ist Meister seiner Seele.
William Shakespeare

... und Heiterkeit möge Sie auch weiterhin begleiten!

JUNG

Man bleibt jung, solange man noch lernen, neue Gewohnheiten annehmen und Widerspruch ertragen kann.
Marie von Ebner-Eschenbach

KUNST

Keine Kunst ist's, alt zu werden.
Es ist Kunst, es zu ertragen.
Johann Wolfgang von Goethe

... ja, ein wenig Lebenskunst brauchen wir alle!

LEBENSALTER

In jedes Lebensalter treten wir als Neulinge und ermangeln darin der Erfahrung.
La Rochefoucauld

... mögen die guten Erfahrungen dabei überwiegen!

LEBENSTAGE

Fang jetzt an zu leben, und zähle jeden Tag als ein Leben für sich.
Seneca

... darin möchte ich Sie gerne bestärken!

MEISTERUNG DES LEBENS

Das Leben meistert man entweder lächelnd oder überhaupt nicht.
Aus China

...wir kennen Sie ja meist nur lächelnd, deshalb werden Sie Ihr Leben auch in der Zukunft meistern!

MENSCH

Leicht ist es, geboren zu werden, aber hart, ein Mensch zu werden.
Von den Philippinen

MUSIK DES LEBENS

Man muss die Musik des Lebens hören. Die meisten hören nur die Dissonanzen.
Theodor Fontane

PRÜFUNGEN

Mit den Jahren steigern sich die Prüfungen.
Johann Wolfgang von Goethe

... aber auch Weisheit und Erfahrung!

SCHAFFEN

Nur eins beglückt zu jeder Frist:
Schaffen, wofür man geschaffen ist.
Paul Heyse

Talent haben Sie beruflich wie privat – das haben Sie bewiesen. Auch weiterhin viel Glück und Freude im neuen Lebensjahr!

VORWÄRTS UND RÜCKWÄRTS

Leben kann man nur vorwärts, das Leben verstehen nur rückwärts.
Sören Kierkegaard

Vorwärts wie rückwärts – immer möge es Ihnen gut gehen!

ZWECKE UND MITTEL

Die Zeit verschiebt nicht nur die Zwecke, auch andre Mittel fordert sie.
Johann Wolfgang von Goethe

... mögen Sie immer die richtigen Mittel finden!

Thema: Jubiläum

Besonders zu Jubiläen lassen sich viele Zitate hervorragend verwenden und in die Glückwünsche einstreuen.

Arbeit gibt uns mehr als den Lebensunterhalt, sie gibt uns das Leben.
Henry Ford

Zu Ihrem 25-jährigen Arbeitsjubiläum alles Gute!

Es gibt keine Pflicht, die nicht Heiterkeit bedürfte, um recht erfüllt zu werden.
John Milton

... ja, Erfüllung im Arbeitsleben ist nicht immer möglich, aber mit Heiterkeit gelingt vieles besser.
Herzlichen Glückwunsch zum 10-jährigen Dienstjubiläum.

Für das Können gibt es nur einen Beweis: das Tun.
Marie von Ebner-Eschenbach

... jedenfalls haben Sie Ihr Können 20 Jahre lang unter Beweis gestellt.
Herzlichen Glückwunsch zum 20-jährigen Firmenjubiläum.

Glücklich, wer seinen Beruf erkannt hat.
Er verlangt nach keinem anderen Glück!
Thomas Carlyle

Ich bin davon überzeugt, dass Sie zu diesen Glücklichen gehören, denn sonst wären Sie nicht so erfolgreich.
Herzlichen Glückwunsch zum 25-jährigen Arbeitsjubiläum!

Das ganze Glück des Menschen besteht darin, bei anderen Achtung zu genießen.
Blaise Pascal

Achtung haben Sie sich bei unseren Mitarbeitern und Kunden erworben. Das war nicht immer leicht. Heute sagen wir Ihnen ein herzliches Dankeschön!

Die meisten Menschen wenden mehr Zeit und Kraft daran, um die Probleme herumzureden, als sie anzupacken.
Henry Ford

... Sie haben die Probleme immer angepackt und gelöst.
Wir brauchen auch in Zukunft Ihre Mitarbeit, Ihre Erfahrung, Ihren Rat.
Herzlichen Glückwunsch zum 10-jährigen Arbeitsjubiläum!

Macht ist Pflicht, Freiheit ist Verantwortlichkeit.
Marie von Ebner-Eschenbach

... nach dieser Maxime haben Sie immer zum Wohle aller gehandelt.
Wir wünschen Ihnen zum 20-jährigen Dienstjubiläum alles Gute!

Fordere viel von dir selbst und erwarte wenig von anderen!
Konfuzius

Das haben Sie getan – und der Erfolg hat Ihnen als Unternehmer Recht gegeben.
Zum 20-jährigen Firmenjubiläum die allerbesten Wünsche!

Nicht, was der Mensch ist, nur was er tut, ist sein unverlierbares Eigentum.
Friedrich Hebbel

Ihre Mitarbeit hat im Laufe der Jahre Früchte getragen, davon zeugen viele Einrichtungen in unserem Betrieb.
Unternehmensleitung wie Mitarbeiter und Kollegen gratulieren Ihnen heute ganz herzlich zu Ihrem 20-jährigen Arbeitsjubiläum.

Den guten Steuermann lernt man im Sturme kennen.
Seneca

... und Stürme gab es in Ihrem langen Geschäftsleben immer wieder. Doch Sie waren stets der vorausschauende Steuermann, der das Schiff lenkte und in den sicheren Hafen fuhr. Da steht es bis heute.
Zum 20-jährigen Firmenjubiläum die herzlichsten Glückwünsche.

Es kommt weniger darauf an, was man leistet, als vielmehr darauf, wo man es leistet.
Johann Nepomuk Nestroy

... und da haben Sie bei uns als langjähriger Mitarbeiter Vorzügliches geleistet.

Der Mensch hat keinen anderen Wert als seine Wirkungen.
Friedrich Schiller

Als leitender Angestellter unseres Unternehmens haben Sie immer vorzügliche Arbeit geleistet. Geschäftsleitung und Mitarbeiter können dies bestätigen, denn von Ihren „Wirkungen" haben alle profitiert.
Herzlichen Glückwunsch zum 25-jährigen Arbeitsjubiläum.

Fast alles Große in der Welt ist durch das Genie und die Festigkeit eines einzelnen Mannes bewirkt worden, der gegen die Vorurteile der Menge ankämpfte oder ihr welche beibrachte.
Voltaire

Nicht immer war es für Sie leicht, die vorgegebenen Ziele zu erreichen, Vorurteile abzubauen, Hindernisse zu überwinden. Der „Job" fordert eben. Doch Sie haben alles mit Bravour „überstanden" und dabei noch Spaß gehabt.
Wir danken Ihnen für die Firmentreue und wünschen Ihnen für die Zukunft alles Gute.

Lass dir an dem Bewusstsein genügen, deine Pflicht getan zu haben! Andere mögen es erkennen oder nicht.
Christoph Martin Wieland

Wir haben es erkannt, und viele andere mit uns! Als Vorsitzender haben Sie nicht nur die entscheidenden Weichen für das Unternehmen gestellt, Sie haben immer auch das Wohl Ihrer Mitarbeiter im Auge behalten. Dabei waren die Zeiten nicht immer leicht. Aber es ist Ihnen gelungen.
Zum 20-jährigen Jubiläum die herzlichsten Glückwünsche!

Thema: Ruhestand

Verlässt ein Mitarbeiter das Unternehmen, um in den Ruhestand zu gehen, fällt meist eine Feier oder eine offizielle Verabschiedung an.
Für diesen Zweck haben wir einige treffende Zitate mit persönlichen Worten ausgewählt.

Wie zahlreich sind doch die Dinge, deren ich nicht bedarf!
Sokrates

... hoffentlich werden Sie dies auch bald feststellen können!
Wir wünschen Ihnen jedenfalls einen guten Start in den Ruhestand!

Es ist wichtiger, wie der Mensch sein Schicksal nimmt, als wie sein Schicksal ist.
Wilhelm von Humboldt

... jedenfalls glauben wir, dass es das Schicksal gut mit Ihnen meint und Sie den Ruhestand genießen werden.
Herzliche Glückwünsche zum Ruhestand!

Ruhe und Freiheit sind die größten Güter.
Ludwig van Beethoven

... besonders dann, wenn der Mensch endlich Zeit für sich selbst und für andere hat.
Das wünschen wir Ihnen.
Herzlichen Glückwunsch zum Ruhestand!

Gar nichts tun, das ist die allerschwierigste Beschäftigung und zugleich diejenige, die am meisten Geist voraussetzt.
Oscar Wilde

Ja, auch der Ruhestand fordert heraus. Dass Sie Geist genug haben, diese Phase Ihres Lebens auszufüllen, daran besteht kein Zweifel.
Wir wünschen Ihnen für den Ruhestand alles Gute!

Glück liegt in der Freude des Erreichten und im Erlebnis der kreativen Bemühungen.
Franklin D. Roosevelt

... viele „kreative Bemühungen" wünschen wir Ihnen für die Zukunft.
Alles Gute zum Ruhestand!

Die Zeit bringt Rat, sie wird die Sache reifen.
Adalbert von Chamisso

... das kann man wohl sagen. Denn die Zeit „gehört" jetzt Ihnen. Und Rat, was zu tun ist, kommt von ganz allein ...!
Ihnen zum bevorstehenden Ruhestand alles Gute.

Arbeit und Ruhe gehören zusammen wie Auge und Lid.
Rabindranath Tagore

... endlich können Sie beides kombinieren, wie Sie möchten. Ein schöner Lebensabschnitt wird für Sie beginnen. Das haben Sie sich verdient!
Herzlichen Glückwunsch zum Ruhestand.

Dass du nicht enden kannst, das macht dich groß.
Johann Wolfgang von Goethe

... dass Sie uns auch weiterhin beratend zur Seite stehen wollen, macht uns Ihren Abschied etwas leichter.
Wir wünschen Ihnen für den neuen Lebensabschnitt alles Gute!

Beachte immer, dass nichts bleibt, wie es ist, und denke daran,
dass die Natur immer wieder ihre Formen wechselt.
Marc Aurel

... zu Ihrem „Wechsel" in den Ruhestand wünschen wir Ihnen alles Gute!

Die Jugend ist die Zeit, Weisheit zu lernen, das Alter die Zeit, sie auszuüben.
Jean-Jacques Rousseau

... also eine gute Zeit, die vor Ihnen liegt!
Wir wünschen Ihnen zum Ruhestand alles Gute.

Diejenigen, die gehen, fühlen nicht den Schmerz des Abschieds.
Der Zurückbleibende leidet.
Henry Wadsford Longfellow

... und so leiden auch wir. Aber da Sie uns in „eingeschränkter Form" auch weiterhin zur Verfügung stehen, ist der Schmerz nicht allzu groß.
Wir wünschen Ihnen für den Ruhestand alle Gute!

Veränderung ist nur das Salz des Vergnügens.
Friedrich Schiller

... und viele schöne „Veränderungen" mögen Ihren neuen Lebensabschnitt begleiten!
Herzlichen Glückwunsch zum Ruhestand.

Das Alter hat die Heiterkeit dessen, der seine Fesseln los ist und sich nun frei bewegt.
Arthur Schopenhauer

... und Heiterkeit möge Sie in den neuen Lebensabschnitt tragen!
Alles Gute zu Ihrem bevorstehenden Ruhestand.

Ruhe ist Glück, wenn sie ein Ausruhen ist.
Ludwig Börne

Wir wünschen Ihnen dieses Glück!
Alles Gute zum Ruhestand

Carpe diem. – Nütze den Tag.
Horaz

Schöne und glückliche Tage wünschen wir Ihnen von Herzen!
Alles Gute zum Ruhestand.

Die größten Ereignisse, das sind nicht unsere lautesten, sondern unsere stillsten Stunden.
Friedrich Nietzsche

... und diese stillen Stunden haben Sie sich auch verdient.
Herzlichen Glückwunsch zum Ruhestand!

Ach, ich bin des Treibens müde!

... sagte schon Johann Wolfgang von Goethe. Doch vielleicht geht es bei Ihnen erst richtig los.
Wie auch immer: Wir wünschen Ihnen alles Gute zum Ruhestand!

Das Leben verliefe viel glücklicher, wenn wir mit 80 geboren werden könnten und uns langsam auf die 18 zubewegten.
Mark Twain

... doch leider ist es umgekehrt. Aber, „Geist ist die Jugend des Alters“, so Emanuel Wertheimer, und damit lässt es sich vorzüglich leben.
Herzlichen Glückwunsch zum Ruhestand.

Thema: Heirat

Nicht nur Geburtstage sind Anlass zur Gratulation. Viele andere Ereignisse wie Heirat oder die Geburt eines Kindes gehören auch dazu. Diese Ereignisse verdienen ebenfalls gewürdigt und hervorgehoben zu werden. Gute Geschäftsbeziehungen zu pflegen, dazu bedarf es nicht langer Briefe. Aber wie auch Angestellte und Firmen-Mitarbeiter freuen sich Geschäftspartner über einen Gruß. Eine ausgewählte Glückwunschkarte mit Ihren persönlichen Grüßen ist immer gern gesehen und hinterlässt beim Empfänger einen guten Eindruck.
Wie in den vorangegangenen Glückwunsch-Kapiteln kommt es neben dem Zitat auf Ihre persönlichen Zeilen an. Gehen Sie dabei auf das Zitat ein und stellen Sie einen Bezug zur Person her, an die Sie die Glückwünsche richten.

Nichts ist so köstlich in der Welt, als wenn eins das andre hält.
Franz Grillparzer

... das wünschen wir Ihnen ganz herzlich für die Zukunft!

Soweit die Erde Himmel sein kann, soweit ist sie es in einer glücklichen Ehe.
Marie von Ebner-Eschenbach

... und diesen Himmel wünschen wir Ihnen ganz herzlich!

Geh nicht allein, geh zu zweit, und du machst Riesenschritte.
Roland Leonhardt

... diese Erfahrung wünschen wir Ihnen von Herzen. Viel Glück.

Denn nur der ist reich, der geliebt wird und lieben darf.
Adalbert Stifter

... eine alte Weisheit, die aber wahr ist. Alles Gute zu Ihrem gemeinsamen Lebensweg.

Ich meine, die Ehe ist dazu da, dass einer am andern schafft.
Christian Morgenstern

... und gemeinsam schafft man noch viel mehr! Alles Gute für die gemeinsame Zukunft.

Die Ehe fordert Heiterkeit.
Jean Paul

... mögen viele heitere Jahre Ihre gemeinsame Zukunft begleiten. Viel Glück.

Die Ehe ist und bleibt die wichtigste Entdeckungsreise, die der Mensch unternehmen kann.
Sören Kierkegaard

... zu dieser Entdeckungsreise wünsche ich Ihnen alles erdenklich Gute.

Die Ehe gibt dem Einzelnen Begrenzung und dadurch dem Ganzen Sicherheit.
Friedrich Hebbel

... eine Sicherheit, die es sonst nirgendwo gibt. Ich wünsche Ihnen alles Gute für den gemeinsamen Lebensweg.

Ehe ist nie ein Letztes, sondern Gelegenheit zum Reifwerden.
Johann Wolfgang von Goethe

... das wünschen wir Ihnen beiden sehr. Alles Gute für den gemeinsamen Lebensweg!

Die Ehe ist die interessanteste, schwerste und wichtigste Aufgaben im Leben.
Anne Morrow Lindbergh

... aber auch eine Aufgabe, die lohnt und glücklich macht! Ihnen alles Gute zum gemeinsamen Lebensweg.

Thema: Geburt eines Kindes

Die Geburt eines Kindes ist für die Eltern immer ein einmaliges Erlebnis. Ob Vater oder Mutter, an dieser Stelle dürfen Glückwünsche ganz einfach nicht fehlen.

Jede Kinderseele ist ein Diamant.
Schleifen muss ihn die Elternhand.
Sprichwort

... da haben Sie jetzt alle Hände voll zu tun! Herzlichen Glückwunsch zur Geburt Ihres Sohnes.

Kinder sind eine Brücke zum Himmel.
Aus Persien

... auf der wir sie ein wenig begleiten dürfen. Herzlichen Glückwunsch zur Geburt Ihres Kindes.

Mit Kindern gibt es viel Kummer, doch ohne Kinder ist der Kummer noch größer.
Russisches Sprichwort

... Sie haben also doch die richtige Entscheidung getroffen. Alle Gute zur Geburt Ihres Kindes!

Wo Kinder sind, da ist ein goldenes Zeitalter.
Novalis

... möge jetzt dieses Zeitalter für Sie beginnen. Den stolzen Eltern gratulieren wir ganz herzlich!

In jedermann ist etwas Kostbares, das in keinem anderen ist.
Martin Buber

... so also auch in Ihrem Kinde. Wir freuen uns über den Zuwachs in Ihrer Familie!

Ein Kind ist eine sichtbar gewordene Liebe.
Novalis

... woran Sie sich immer freuen werden. Alles Gute zur Geburt Ihres Sohnes Benjamin.

Erziehung ist Beispiel und Liebe – sonst nichts.
Johann Heinrich Pestalozzi

... und da hat es Ihre Tochter bestimmt sehr gut getroffen. Alles Liebe zur Geburt Ihrer Tochter Tanja.

Von deinen Kindern lernst du mehr als sie von dir.
Friedrich Rückert

... eine Weisheit, die sich immer bestätigt. Den stolzen Eltern gratulieren wir ganz herzlich!

Ich hörte ein Kinderlachen aus dem Fenster. Da wusste ich, es wird ein schöner Tag.
Roland Leonhardt
... mögen viele schöne Tage für Sie folgen. Alles Gute zur Geburt Ihres Kindes.

Die Kinder sind die wirklichen Lehrmeister der Menschheit.
Peter Rosegger
Ein herzliches Willkommen dem neuen Erdenbürger!

Thema: Genesung

Guten Geschäftspartnern und Mitarbeitern sollte man es an Aufmerksamkeit nicht fehlen lassen, besonders dann, wenn schwierige Lebensumstände eintreten und unser Mitgefühl gefragt ist. Dies kann eine ernsthafte Erkrankung, aber auch der Eintritt in die Genesungsphase sein. Jedenfalls sind ein paar wohltuende Worte mehr wert als so manch' bittere Pille. Kürzer ist besser, das gilt auch hier.

Schwerer Anfang ist zumeist zehnmal heilsamer als leichter Anfang.
Jeremias Gotthelf
... jetzt geht es also wieder bergauf. Wir haben mit Freude von Ihren Fortschritten gehört. Herzliche Genesungswünsche.

Seht, der Schmerz ist ein Kleinod, ein weiser Engel ist er, an dem unsere Seele reifen kann und soll.
Adalbert Stifter
... wir alle wünschen Ihnen diesen Engel. Gute Besserung!

Durch Einsamkeit und Ruhe werden viele Krankheiten geheilt.
Hippokrates
... das wünschen wir Ihnen sehr! Wir freuen uns, Sie bald wieder gesund in unserem Betrieb zu begrüßen.

Wenn wir den Krisen unseres Lebens mutig begegnen, leisten wir einen Beitrag zu unserem Wachstum.
Roland Leonhardt

... unter diesem Gesichtspunkt, lieber Herr ..., ist diese Zeit sinnvoll und gut. Wir denken an Sie und wünschen Ihnen eine baldige Genesung.

Was es auch sei, durch Dulden besiegen wir jedes Verhängnis.
Vergil

... alles braucht seine Zeit. Besonders in diesen Tagen.
Wir wissen, Sie kommen über den Berg. Alles Gute von Ihren Kollegen.

Gewöhnlich muss ich einen Tag der glücklichen Stimmung mit fünf oder sechs Tagen des Drucks und des Leidens büßen.

... so schrieb Friedrich Schiller. Dieser Druck hinderte ihn aber nicht daran, weitere großartige Werke zu schreiben. Also, kein Grund zu verzweifeln, auch Ihnen wird es bald besser gehen. Gute Wünsche von ...

Gewiss ist fast noch wichtiger, wie der Mensch sein Schicksal nimmt, als wie sein Schicksal ist.
Wilhelm von Humboldt

... ich hoffe, Sie werden trotz Ihrer Schicksalsschläge noch immer an der richtigen Perspektive festhalten. Wir wünschen Ihnen von hier aus alles erdenklich Gute.

Hoffen heißt: die Möglichkeiten des Guten erwarten.
Sören Kierkegaard

... und diese werden bestimmt kommen. Ihre Kollegen denken an Sie und wünschen auf diesem Wege gute Besserung.

Am Rande der Verzweiflung dehnt sich eine helle Klarheit, in der man fast glücklich ist.
Jean Anouilh

... wir wünschen Ihnen von ganzem Herzen diesen hellen Horizont.
Ihr Arbeitsteam ...

Thema: Kondolenz

Richtig zu kondolieren verlangt Einfühlungsvermögen, Anteilnahme und Vertrautheit. Es kommt darauf an, wie gut man die verstorbene Person kannte, wie eng die Geschäftsbeziehungen waren. Nach guten und tröstenden Worte zu suchen ist dabei sehr wichtig. Hilfreich sind auch hier wieder die Zitate berühmter Persönlichkeiten. Dabei sollte wie immer die persönliche Ansprache nicht fehlen.

Das Leben ist nur ein anderer Tod.
Des Lebens Geburt, nicht Ende, ist der Tod.
Friedrich Hebbel

Wir sprechen Ihnen unsere mitfühlende Anteilnahme aus.

Wir müssen nicht klagen, dass alles vergänglich sei.
Das Vergänglichste, wenn es uns wahrhaft berührt,
weckt in uns ein Unvergängliches.
Christian Friedrich Hebbel

Erst heute haben wir vom Ableben Ihres Mannes erfahren.
Wir alle sind sehr betroffen. Wir trauern um ihn.

Unser Erdenleben ist nur eine kleine Strecke auf der Bahn unserer Existenz.
Matthias Claudius

Sie hat die Bahn ihres Erdenlebens vollbracht. Für uns bleibt sie unvergessen.
Ihr Tod macht uns betroffen.

Anfang und Ende der Dinge werden dem Menschen immer ein Geheimnis bleiben.
Blaise Pascal

Sein plötzlicher Tod ist für uns unfassbar. Wir trauern mit Ihnen.

Der Trost der Welt besteht darin, dass es keine unaufhörlichen Leiden gibt. Ein Schmerz vergeht, eine Freude entsteht, sie halten sich die Waage.
Albert Camus

... das war auch sein Lebenscredo. Wir werden Ihren Gatten, unseren Vorgesetzten, immer in guter Erinnerung behalten. Wir trauern um ihn.

Was dem Leben Sinn verleiht, gibt auch dem Tode Sinn.
Antoine de Saint-Exupéry

Unsere tiefe Anteilnahme zum Ableben Ihrer Frau.

Was groß ist am Menschen, das ist, dass er eine Brücke und kein Zweck ist: Was geliebt werden kann am Menschen, das ist, dass er ein Übergang und kein Untergang ist.
Friedrich Nietzsche

Sein Tod hat uns alle betroffen gemacht. Ihnen gilt jetzt unser Mitgefühl.

Wir haben die nicht verloren, die unsere Welt verlassen.
Augustinus

Tief betroffen haben wir die Nachricht vom Tode Ihres Mannes aufgenommen.
Ihnen gilt nun unser Mitgefühl.

Der untere tiefe Strom des wahren Lebens wird durch den Tod nicht unterbrochen.
Leo Tolstoi

Von ihrem tragischen Unglück, das zu ihrem Tode führte, haben wir erst heute erfahren. Es ist für uns alle unfassbar. Wir trauern mit Ihnen.

4. Kapitel
Fremd in der Fremde oder Vom Umgang mit Fremdwörtern

Ersparen Sie sich und anderen lange und unverständliche Fremdwörter. Auch darin steckt Abkürzungspotenzial. Nicht jeder ist so belesen und kompetent, wie der Schreibende vielleicht meint. Außerdem ist nicht immer ein Fremdwörterlexikon zur Hand. Greifen Sie deshalb gleich zu klar verständlichen Begriffen und Ausdrücken. Denn für die meisten Fremdwörter gibt es auch eine kurze **deutsche Entsprechung**.
Wir haben gesucht und sind fündig geworden:

A

abalienieren: veräußern
abandonnieren: abtreten
Administration: Behörde, Verwaltung
administrativ: befehlend
Administrator: Verwalter
administrieren: befehlen, verwalten
Advertising: Werbung
Agglomeration: Anhäufung, Ansammlung
Aggression: Angriff
agitieren: werben
Akklimatisation: Eingewöhnung
akklimatisieren: eingewöhnen
akkommodabel: anwendbar
akkumulieren: anhäufen, sammeln, speichern
Akkuratesse: Sorgfalt
Akontozahlung: Abschlag
akquirieren: erwerben
akribisch: genau
akzentuieren: betonen
akzeptieren: billigen
ambitioniert: ehrgeizig
amortisabel: tilgbar
Amortisation: Tilgung
amortisieren: tilgen
amplifizieren: erweitern
analogisieren: vergleichen
analysieren: zerlegen
animieren: anregen
appellieren: aufrufen
Applikation: Anwendung
applizieren: anwenden
Approximation: Annäherung
Äquivalent: Ersatz, Gegenwert
Architektur: Baustil

argumentieren: begründen
Artikel: Ware
artikulieren: ausdrücken
assimilieren: angleichen
Assistent: Gehilfe
Assistenz: Hilfe
assistieren: helfen
attackieren: angreifen
authentifizieren: beglaubigen, bezeugen
authentisch: echt
Authentizität: Echtheit

B

bagatellisieren: abschwächen
Barrikade: Sperre
Bonifikation: Gutschrift

C

charakterisieren: beschreiben
Cleverness: Klugheit
Courage: Mut
couragiert: mutig

D

deaktivieren: abschalten
deformieren: verformen
dekartellieren: auflösen
dekompositorisch: zersetzend
Dekonzentration: Verteilung, Zersplitterung
dekonzentrieren: zersplittern
Dekreszenz: Abnahme (Abschwächung)
Deliberation: Überlegung
deliberieren: überlegen
dementieren: widerrufen
Demonstration: Darlegung
demonstrativ: anschaulich, auffällig, betont
Demonstration: Kundgebung
demonstrieren: kundgeben, darlegen
Demontage: Abriss
deponieren: ablagern
Deponierung: Lagerung
desinteressiert: unbeteiligt
despektierlich: abfällig
Dessinierung: Musterung
Determination: Festlegung
determinativ: festlegend
dezentralisieren: aufgliedern
diagnostizieren: feststellen
diduzieren: trennen, zerteilen
differenzieren: absondern, abstufen
Differenzierung: Trennung, Abstufung

Dimension: Größe
dimensionieren: ausmessen, bemessen
Dimensionierung: Bemessung
Direktion: Leitung
Direktive: Weisung
Disharmonie: Misston
diskontinuierlich: aussetzend
diskordant: uneinig
Disproportionalität: Missverhältnis
Disqualifikation: Ausschluss
dissoziieren: trennen
distanzieren: abrücken
Distribuent: Verteiler
Diszipinargewalt: Ordnungsgewalt
disziplinarisch: streng
disziplinieren: maßregeln
Diversität: Vielfalt
dokumentarisch: amtlich
dokumentieren: beurkunden, belegen
dominierend: überragend
Dotierung: Gehalt
dozieren: lehren
drakonisch: hart
dynamisch: bewegt

E

echauffieren: erregen
eintrainieren: einüben
Engagement: Einsatz
epigrammatisch: kurz
eskortieren: begleiten
etablieren: gründen
Examinator: Prüfer
exemplarisch: musterhaft
Experiment: Versuch
expertisieren: begutachten
Exposition: Schau

F

fakturieren: berechnen
falsifizieren: widerlegen
finanziell: geldlich
Formation: Gruppe
Fragment: Rest, Teil
fragmentarisch: unvollkommen
frequentieren: besuchen
Fundament: Unterbau
garantieren: bürgen

H

Harmonisierung: Abstimmung
hermetisch: dicht
holotisch: völlig
horizontal: liegend

I

identifizieren: gleichsetzen
identisch: gleich
ignorieren: übersehen
illusorisch: trügerisch
immensurabel: unmessbar
Immensurabilität: Unmessbarkeit
Immobilie: Gebäude
impraktikabel: unanwendbar
Impraktikabilität: Unanwendbarkeit
impressionabel: beeindruckbar
indisponiert: unpässlich
inkompetent: unbefugt
inkonsistent: unbeständig
Innovation: Neuerung
Inspiration: Anregung
Instanzenweg: Rechtsweg
instituieren: errichten
instruieren: anleiten
Instruktion: Anleitung, Vorschrift
integrieren: einfügen
intelligent: klug
Intensität: Stärke
intensivieren: steigern
interimistisch: vorläufig
Interpolation: Einfügung
Interpretation: Deutung, Wiedergabe
interpretativ: deutend
interpretieren: deuten, wiedergeben
intervenieren: eingreifen
investieren: anlegen
Investition: Anlage
Investmentzertifikat: Anlagepapier

K

kandidieren: bewerben
kapitulieren: nachgeben
katalogisieren: verzeichnen
Katastrophe: Unglück
kategorisieren: einordnen
Kategorisierung: Einordnung
Klassement: Ordnung
Klassifikation: Einordnung
klassifizieren: einordnen
kollateral: seitlich
Kommensurabilität: Vergleichbarkeit
kommentieren: bemerken
Kommission: Ausschuss
Kommunikation: Verständigung
kommunizieren: mitteilen
kompakt: fest
kompatibel: passend
Kompatibilität: Vereinbarkeit
kompetent: befugt
Kompetenz: Befugnis
komplementär: ergänzend
komplementieren: ergänzen
komplett: ganz

komplettieren: ergänzen
Konferenz: Tagung
konferieren: beraten
Konflikt: Streit
konform: einig
Konglomerat: Gemisch
Konkurrent: Gegner
konkurrieren: wetteifern
Konsequenz: Folge
konservieren: erhalten
konsolidieren: sichern
Konsolidierung: Sicherung
Konstatierung: Feststellung
Konstitution: Satzung
konstitutionell: anlagebedingt
konstruieren: entwerfen, bauen
Konstruktion: Bauart, Entwurf
kontemporär: zeitgleich
kontingentieren: einteilen
kontinuierlich: stetig, unaufhörlich
Kontinuität: Fortdauer
Kontrolleur: Prüfer
kontrollieren: nachprüfen, überwachen
kontrovers: strittig
konturieren: umreißen
konventionell: herkömmlich
Konversation: Geplauder, Gespräch
Konzept: Plan
Konzeption: Entwurf
konzessionieren: genehmigen
konzipieren: planen
koodinieren: abstimmen
kooperativ: gemeinsam
korrelieren: bedingen
korrigieren: ändern
Kosmopolitismus: Weltbürgertum
kritisieren: tadeln
kultivieren: pflegen

L

lamentieren: klagen
Laudatio: Lobrede
Legitimation: Ausweis
limitiert: begrenzt
Liquidation: Auflösung
liquidieren: abwickeln
lombadieren: beleihen

M

magazinieren: lagern
manifestieren: bekunden
manövrieren: lenken
Memento: Mahnung

modellieren: formen
modernisieren: umgestalten
Modifikation: Abwandlung
modifizieren: abwandeln, verändern
modifizieren: verändern
monieren: rügen
multidimensional: vielschichtig

N

nationalisieren: verstaatlichen
Nationalisierung: Verstaatlichung
nominieren: ernennen
nummerieren: beziffern

O

obligatorisch: bindend
Omnipotenz: Allmacht
outsourcen: auslagern

P

paradigmatisch: beispielhaft
Paragraph: Abschnitt
Parallelität: Ähnlichkeit, Gleichheit
paralysieren: aufheben
paraphieren: abzeichnen
Partizipation: Teilhabe
partizipieren: teilhaben
peremptorisch: aufhebend
Perspektive: Sicht
phlegmatisch: schwerfällig
popularisieren: verbreiten
postnumerando: nachträglich
Postnumeration: Nachzahlung
postulieren: fordern
potenziell: möglich
potenzieren: verstärken
Potenzierung: Steigerung
prädestiniert: geeignet
präferieren: vorziehen
pragmatisch: sachlich
Prägnanz: Schärfe
praktikabel: brauchbar
präsentabel: ansehnlich, vorzeigbar
präsentieren: vorlegen
Präsidium: Vorsitz
präsumieren: mutmaßen
Präsumtion: Vermutung
Präzedenzfall: Musterfall
priorisieren: bevorzugen
Priorität: Vorrang, Vorrecht

problematisch: schwierig
profitabel: lohnend
prognostizieren: voraussagen, vorhersagen
Programmatik: Zielsetzung
programmatisch: zielsetzend
proklamieren: verkündigen
prolongieren: aufschieben
Promotion: Werbung
propagieren: werben
Proportionalität: Verhältnis
proportioniert: ebenmäßig, gleichmäßig
prosperieren: gedeihen
Prosperität: Gedeihen
protegieren: fördern
Prototyp: Muster

Q

quadratisch: viereckig
Qualifikation: Befähigung, Eignung
Qualifizierung: Ausbildung
Quantum: Menge
Quintessenz: Kern

R

raportieren: melden
recherchieren: ermitteln
reflektieren: nachdenken
reglementieren: regeln
Regulierung: Regelung
Rekapitulation: Wiederholung
Rekompensation: Entschädigung
Renommee: Ansehen
renommieren: angeben
renommiert: namhaft
renumerieren: zurückgeben
Repräsentant: Vertreter
resigniert: mutlos
retardieren: verzögern
retardierend: verzögernd
Retrospektion: Rückblick
reüssieren: gelingen
Rigorosität: Strenge
riskieren: wagen
routiniert: gekonnt

S

segmentieren: aufteilen, gliedern
segmentiert: unterteilt
Segmentierung: Unterteilung
selektieren: auslesen

Selektion: Auslese
separieren: trennen
signifikant: bedeutsam
simplifizieren: vereinfachen
singulär: selten
Singularität: Seltenheit
sortieren: sichten
Souveränität: Oberhoheit
Spezifikation: Einteilung
spezifizieren: aufgliedern
Stabilisierung: Sicherung, Festigkeit
Stadium: Stand
stagnieren: stehen
strukturiert: geordnet
Subalternation: Unterordnung
subalternieren: unterordnen
substanziell: dinghaft, wichtig
Substitution: Austausch
Substitutionalität: Austauschbarkeit
Superlativismus: Übertreibung
Supervision: Aufsicht
Suspendierung: Aufhebung
symptomatisch: bezeichnend
systematisch: gezielt
systematisieren: ordnen

T

Tabelle: Liste
terminieren: befristen
Territorium: Gebiet
tolerabel: duldbar
tolerieren: dulden
trainieren: üben
Training: Übung
transferieren: übertragen
Transformation: Umwandlung, Umformung
transmittieren: übersenden
transparent: klar
Transparenz: Klarheit, Offenheit
transportabel: beförderbar, tragbar
traditionell: üblich
triumphieren: siegen

V

verifizierbar: nachprüfbar
verifizieren: nachprüfen
voluminös: massig

Z

Zirkulation: Kreislauf

5. Kapitel
Redewendungen halten den Redefluss in Gang oder Vom Sieg des Lächelns

Auch einem Brief sieht man die Laune des Schreibers an. Warum immer nur ernste Miene zeigen? Eine kurze Redewendung in den Text eingefügt, bewirkt oft Wunder. Schicken Sie ein Lächeln mit! Schließlich ist ein Brief auch die Visitenkarte des Unternehmens. Dazu sind allgemeine Redewendungen und Kurzzitate bestens geeignet.
In den Zitaten haben wir besondere Stichworte hervorgehoben, sodass ein schneller Rückgriff möglich ist.
Nutzen Sie diese kleine und **feine Nuance** in Ihrer Korrespondenz.

Thema: Absicht, Planung, Ziel

Nur wer seine Absichten und Ziele strategisch planen kann, hat einen Vorsprung. Diesen zu artikulieren und schriftlich darzustellen ist von Vorteil.

Redewendungen

... sich mit der Absicht tragen ...
... mit dem Gedanken spielen ...
... sich ein Ziel setzen ...
... Absichten verfolgen ...
... Werdendes wird unterschätzt ...
...etwas ins Auge fassen ...
... Strategien entwickeln ...
... Konzepte ausarbeiten ...
... Lösungen anstreben ...
... sich mit dem Plan tragen ...
... die richtigen Weichen stellen ...

Zitate

Der **Wurf** mag zuweilen nicht treffen, aber die Absicht verfehlt niemals ihr Ziel.
Jean-Jacques Rousseau

Absicht ist die Seele der **Tat**.
Sprichwort

Wer aus großen **Absichten** fehlgreift, handelt immer lobenswürdiger, als wer dasjenige tut, was nur kleinen Absichten gemäß ist.
Johann Wolfgang von Goethe

Alles Fertige wird angestaunt, alles **Werdende** wird unterschätzt.
Friedrich Nietzsche

Im Jetzigen muss das Künftige schon verborgen liegen. Das heißt **Plan.** Ohne dies ist nichts in der Welt gut.
Georg Christoph Lichtenberg

Das **Ziel** von gestern wird morgen der Ausgangspunkt sein.
Thomas Carlyle

Ohne Ziele und **Anstrengungen**, sie zu erreichen, kann kein Mensch leben.
F. M. Dostojewskij

Ein **Ziel** muss man früher kennen als die Bahn.
Jean Paul

Thema: Ansehen, Position, Stellung

Das Ansehen einer Person ist oft von entscheidender Bedeutung, wenn es um vertrauensbildende Maßnahmen, erstes Kennenlernen und strategische Karriereplanung geht. Schließlich handelt die Person im Auftrag eines Unternehmens, vertritt und repräsentiert dieses nach außen.

Redewendungen

... eine bedeutende Rolle spielen ...
... die besten Köpfe des Unternehmens ...
... zählt zu den Entscheidungsträgern ...
... ist der Hauptverantwortliche ...
... hat eine Vorrangstellung inne ...
... hat eine Sonderstellung inne ...
... ist in den ersten Rang aufgestiegen ...
... spielt eine führende Rolle in der Wirtschaft ...
... hat eine Abteilung unter sich ...
... gehört zum Spitzenteam ...
... hat eine herausragende Stellung inne ...
... füllt den Posten hervorragend aus ...

Zitate

Es ist schön, unter angesehenen **Männern** hervorzustechen.
Seneca

Jeder Mensch gilt in dieser **Welt** nur so viel, als wozu er sich gemacht hat.
Adolph Freiherr von Knigge

Seinen guten **Ruf** verringert, wer sich mit Unwürdigen vergleicht.
Phaedrus

Nie sein **Ansehen** von der Probe eines einzigen Versuchs abhängig machen: Denn missglückt er, so ist der Schaden unersetzlich.
Baltasar Gracián y Morales

Nichts bringt einen Menschen plötzlicher in **Mode** und zu schnellerem Ansehen als Spielen um hohe Einsätze: Das gilt für alle, vom Pair bis zum Lumpenpack.
Jean de La Bruyère

Wenn Männer in hoher **Stellung** den Mut zur eigenen Meinung nicht haben, was lässt sich da von Männern in niedriger Stellung erwarten?
Samuel Smiles

Wie groß auch das Verdienst sein mag, sich um hohe **Posten** nicht zu kümmern, ein größeres liegt vielleicht darin, sie gut auszufüllen.
Vauvenargues

Aller **Gewinn**, den man durch Verleihung hoher Posten an manche Leute erzielt, beschränkt sich darauf, festzustellen, ob sie geschickt sind.
Vauvenargues

Thema: Arbeit

Die Arbeit macht den Hauptteil unseres Lebens aus. Arbeit und Beruf gehören deshalb zusammen, sie bilden eine Einheit.

Redewendungen

... seine Arbeit machen ...
... in Arbeit sein ...
... zur Arbeit gehen ...
... gründliche Arbeit leisten ...
... nicht müde werden ...
... die Hände voll zu tun ...
... rege sein ...
... eigene Arbeit haben ...

Zitate

Freude an der Arbeit lässt das Werk trefflich geraten.
Aristoteles

Wenig Arbeit ist eine **Bürde**, viel Arbeit eine **Freude**.
Victor Hugo

Arbeit ist eines der **Verfahren**, durch die A dem B Eigentum erwirbt.
Ambrose Bierce

Selbst gewählte Arbeit macht die **Lasten** unfreiwilliger Arbeit leichter.
Demokrit

Der **Wert** der Arbeit wächst mit der Größe des **Wirtschaftsraumes**.
Ludwig Erhard

Arbeit gibt uns mehr als den **Lebensunterhalt**, sie gibt uns das Leben.
Henry Ford

Angenehm sind die **erledigten** Arbeiten.
Cicero

Die Arbeit, die uns freut, wird zum **Vergnügen**.
William Shakespeare

Arbeiten und nicht **verzweifeln**.
Thomas Carlyle

Genie beginnt große Werke, Arbeit vollendet sie.
Joseph Joubert

Ein **Beruf** ist das Rückgrat des Lebens.
Friedrich Nietzsche

Arbeit ist das Feuer der **Gestaltung**.
Karl Marx

Nicht zu arbeiten ist schlimmer, als sich zu **überarbeiten**.
Samuel Smiles

Arbeit ist das Einzige, was mich nicht **müde** macht.
Paul Reynaud

Den ganzen Tag hat man die **Hände** voll zu tun.
Johann Wolfgang von Goethe

Die Arbeit ist eine Quelle der **Gesundheit**.
Carl Hilty

Lerne zu arbeiten und zu **warten**.
Henry Longfellow

Es ist gut, die **Grenzen** künftiger Arbeit zu umreißen.
Leo Tolstoi

Immer an die Arbeit!
Voltaire

Die **Arbeitenden** sind den Unsterblichen viel lieber.
Hesiod

Sei **geschäftig**, und du wirst sicher sein.
Ovid

Ständige Arbeit wird leichter durch **Gewöhnung**.
Demokrit

Zur Arbeit heißt am **Morgen** rege sein.
Johann Wolfgang von Goethe

Thema: Begeisterung, Freude, Sympathie

Wer mit Freude und Begeisterung bei der Sache ist, der hat den Erfolg auf seiner Seite. Das gilt für alle beruflichen und privaten Bereiche des Lebens. Eine positive Ausstrahlung schafft aber auch Sympathie – und damit Freunde, zufriedene Kunden und motivierte Mitarbeiter.

Redewendungen

... sehr erfreut sein ...
... außer sich vor Freude ...
... Freude macht schön ...
... sich vor Freude überschlagen ...
... sich glücklich schätzen ...
... seine helle Freude haben ...
... die Wogen der Begeisterung ...
... jemandem Sympathie erweisen ...
... Sieg der Begeisterung ...

Zitate

Wie doch **Freude** und **Glück** einen Menschen schön machen!
F. M. Dostojewskij

Freude kommt aus dem **Willen**, der sich abmüht, **Hindernisse** überwindet, triumphiert.
William Butler Yeats

Es siegt immer und notwendig die **Begeisterung** über den, der nicht begeistert ist.
Johann Gottlieb Fichte

Nichts **Großes** ist je ohne **Begeisterung** geschaffen worden.
Ralph Waldo Emerson

Wo ein Begeisteter steht, da ist der **Gipfel** der Welt.
Joseph von Eichendorff

Was gefällt uns am besten an einem Menschen? Dass wir ihm **gefallen**.
Paul Ree

Wo **Sympathie** erneuert wird, wird das Leben neu.
Vincent van Gogh

Die Freude ist ein **Handelshaus**, sie muss wechseln, denn im Wechseln liegt die Freude.
Ferdinand Raimund

Wenn du **Menschen** erfreuen willst, musst du sie auf ihre Weise erfreuen.
Earl of Chesterfield

Thema: Beruf

Der Beruf spielt eine wichtige Rolle, denn er nimmt einen großen Teil unserer Lebenszeit ein.

Redewendungen

... im Berufsleben stehen ...
... seinen Platz ausfüllen ...
... im Dienst einer Firma stehen ...
... den richtigen Beruf ausüben ...
... Zufriedenheit im Berufsleben anstreben ...
... er/sie hat Karriere gemacht ...
... an der richtigen Stelle sein ...

Zitate

Das Wichtigste im Leben ist die Wahl des Berufes.
Blaise Pascal

Wo deine Gaben liegen, liegen deine Aufgaben.
Deutsches Sprichwort

Jeder übe sich in der **Kunst,** die er erlernt hat!
Cicero

Was ist dein Beruf? **Gut** zu sein.
Marc Aurel

Ein jeder versucht eben auf seine Weise, in der **Welt** vorwärts zu kommen.
Voltaire

Man ist viel wert in der Welt, wenn man sein **Fach** versteht!
Adolph Freiherr von Knigge

Thema: Einigkeit, Übereinstimmung, Gemeinsamkeit

Einigkeit ist meist das erklärte Ziel. Oft bleibt es aber nur bei Übereinstimmungen und dem Willen, am selben Strang zu ziehen.

Redewendungen

... derselben Meinung sein ...
... derselben Ansicht sein ...
... in vielen Punkten Übereinkunft erzielen ...
... die Fronten klären ...
... am selben Strang ziehen ...
... etwas auf einen Nenner bringen ...
... etwas in ein System bringen ...
... mit jemandem im Bunde sein ...
... einen Bund schließen ...
... in stillschweigendem Einvernehmen ...
... in beiderseitiger Übereinstimmung ...

Zitate

Ein **Einigungskünstler** wäre in jedem Fache der ganzen Welt willkommen.
Johann Wolfgang von Goethe

Wenn man mit sich selbst einig ist, ist man es auch mit **andern**.
Johann Wolfgang von Goethe

Seid einig, einig, einig!
Friedrich Schiller

Meide alles, was die **Menschen** trennt, und tu alles, was sie eint.
Leo N. Tolstoi

Wer etwas **Eigenes** haben will, verliert das Gemeinsame.
Thomas von Kempen

Wir stimmen den anderen nur zu, wenn wir eine **Gemeinsamkeit** zwischen ihnen und uns empfinden.
Jean de La Bruyère

Alles, was an einem Gemeinsamen Anteil hat, strebt zum **Verwandten**.
Marc Aurel

Gemeinsame Beschäftigungen und Liebhabereien sind das Erste, worin sich eine wechselseitige **Übereinstimmung** hervortut.
Johann Wolfgang von Goethe

Übereinstimmung erwirbt **Wohlwollen.**
Baltasar Gracián y Morales

Vier **Hände** vermögen mehr als zwei; aber auch vier Augen sehen mehr als zwei.
Ludwig Feuerbach

Alle für einen und einer für alle!
Sprichwort

Das **Gute** also des Vernunftwesens ist die Gemeinschaft. Denn dass wir zur Gemeinschaft geboren sind, ist längst bewiesen.
Marc Aurel

Der Mensch ist von Natur ein Gemeinschaft bildendes **Wesen**.
Aristoteles

Thema: Erfolg, Aufstieg, Karriere

Für viele ein lohnender Weg, wie die zahlreichen Redewendungen und Zitate beweisen.

Redewendungen

... es zu etwas bringen ...
... Karriere machen ...
... über die richtigen Fähigkeiten verfügen ...
... es weit bringen im Leben ...
... einen guten Start haben ...
... das Mögliche leisten ...
... auf dem Sprungbrett stehen ...
... seinen Weg gehen ...
... die Karriereleiter erklimmen ...
... den Erfolg ausbauen ...
... Furore machen ...
... an Boden gewinnen ...
... jemandem stehen alle Türen offen ...
... etwas tun für den Erfolg ...

Zitate

Erfolg hat nur, wer etwas **tut**, während er auf den Erfolg wartet.
Thomas Alva Edison

Der Erfolg eines Menschen ist immer im Grundgefüge seiner **Persönlichkeit** begründet.
Ralph Waldo Emerson

Erfolg besteht darin, dass man genau die **Fähigkeiten** hat, die im Moment gefragt sind.
Henry Ford

Hast du nach innen das **Mögliche** getan, gestaltet sich das Äußere von selbst.
Johann Wolfgang von Goethe

Der Erfolg bietet sich meist denen, die **mutig** handeln; nicht denen, die alles abwägen und nichts wagen wollen.
Herodot

Und wenn dir nunmehr alle **Leitern** fehlen, so musst du verstehen, noch auf deinen eigenen Kopf zu steigen: Wie wolltest du anders aufwärts steigen?
Friedrich Nietzsche

Jeder **Aufstieg** in große Höhen geschieht auf einer Wendeltreppe.
Francis Bacon

Zur **Größe** kann man sich aufringen, aufschwingen, aufdulden, aber nicht aufblasen.
Marie von Ebner-Eschenbach

Thema: Handel und Gewerbe

Handel und Gewerbe prägen das Wirtschaftsleben. Es lassen sich daher viele Aussagen und treffende Bemerkungen machen.

Redewendungen

... Produkte auf den Markt bringen ...
... etwas in Umlauf bringen ...
... Klasse statt Masse ...
... etwas in den Verkehr bringen ...
... etwas in Auftrag geben ...
... mit einem Unternehmen im Wettbewerb stehen ...
... ein glänzendes Geschäft machen ...
... das freie Spiel der Kräfte ...
... neue Absatzwege erschließen ...

Zitate

Kaufmannsregel: Erst das Geld, dann die Ware zugestellt.
Jüdische Weisheit

Jedes **Gewerbe** hat seinen Meister.
Chinesische Weisheit

Ein **Geschäft**, das nichts als Geld verdient, ist ein schlechtes Geschäft.
Henry Ford

Jeder Mensch lebt davon, irgend etwas zu **verkaufen**.
Robert Louis Stevenson

Der Wege, sich zu **bereichern**, sind viele.
Francis Bacon

Das Geschäft, das sich auf das **Glück** verlässt, ist ein schlechtes Geschäft.
Publilius Syrus

Man läuft **Gefahr** zu verlieren, wenn man zu viel gewinnen möchte.
Jean de La Fontaine

Bei dem größten **Verlust** müssen wir sogleich umherschauen, was uns zu erhalten übrig bleibt.
Johann Wolfgang von Goethe

Manchem stürzte die Hoffnung auf **Gewinn** in sein Verderben.
Sophokles

Auf Dauer bringen nur solche Geschäfte Gewinn, die der **Allgemeinheit** nutzen.
Georg von Siemens

Wo viel verloren wird, ist manches zu **gewinnen**.
Johann Wolfgang von Goethe

Die Liebe zum **Profit** beherrscht die ganze Welt.
Aristophanes

Thema: Handlungsfreiheit, selbständiges Handeln

Ohne Handlungsfreiheit und Spielraum für eigene Entscheidungen kann kein erfolgreiches Management operieren.

Redewendungen

... tun und lassen können, was man will ...
... es in der Hand haben, etwas zu entscheiden ...
... sich frei bewegen können ...
... sich von niemandem etwas sagen lassen ...
... in eigener Machtvollkommenheit entscheiden ...
... seinen eigenen Weg gehen ...
... aus eigener Kraft etwas erreichen ...

Zitate

Handle, wie du handeln musst.
Cicero

Alles **Handeln** ist der Idee gegenüber auch ein Handeln im kaufmännischen Sinn.
Friedrich Hebbel

Du glaubst zu schieben und du wirst geschoben.
Johann Wolfgang von Goethe

Der eine wartet, dass die **Zeit** sich wandelt. Der andere packt sie kräftig an und handelt.
Dante Alighieri

Einfaches Handeln, folgerecht durchgeführt, wird am sichersten das **Ziel** erreichen.
Helmuth Graf von Moltke

Miteinander verbinden muss man das: Der Ruhende muss handeln, und der Handelnde muss ruhen.
Seneca

Wenn der Mensch tätig und **frei** ist, handelt er aus sich selbst.
Jean-Jacques Rousseau

Wer wagt, selbst zu **denken**, der wird auch selbst handeln.
Bettina von Arnim

Wir handeln alle nach dem Maße unserer Einsicht und **Kräfte**.
Gotthold Ephraim Lessing

Handeln, das ist es, wozu wir da sind.
Johann Wolfgang von Goethe

Der Mensch handle so, dass in jedem Moment seine ganze **Individualität** liege.
Otto Weininger

Nur der Beweggrund gibt den Handlungen der Menschen ihren Wert – **Selbstlosigkeit** adelt sie.
Jean de La Bruyère

Thema: Kontakte, Beziehungen, Verbindungen

Gute Kontakte und Beziehungen sind für erfolgreiche Geschäftsleute unverzichtbar. Sie entscheiden über den Erfolg, die Stellung und den Einfluss eines Unternehmens. Aber auch weit reichende internationale Verbindungen sind heute unerlässlich.

Redewendungen

... Kontakt aufnehmen zu jemandem ...
... seine Fühler ausstrecken ...
... aufeinander zugehen ...
... Bekanntschaft machen mit jemandem ...
... gute Beziehungen zu jemandem pflegen ...
... geschäftliche Beziehungen zu jemandem pflegen ...
... Verhandlungen aufnehmen ...
... mit jemandem Verkehr pflegen ...
... Verbindungen zu jemandem anknüpfen ...

Zitate

In Menschen wie in der Sprache ist alles **Beziehung**.
Antoine Comte de Rivarol

Denn entgegengesetzte **Eigenschaften** machen eine innigere Verbindung möglich.
Johann Wolfgang von Goethe

Mehr nützt es, beladen mit einem **Starken** verbunden zu sein als unbelastet mit einem Schwachen.
Jean de la Cruz

Jeder wandle für sich und wisse nichts von dem andern. Wandeln nur beide gerad', finden sich beide gewiss.
Johann Wolfgang von Goethe

Thema: Kritik, Wertung, Beurteilung

Kritik zu üben, ob mündlich oder schriftlich, ist keine leichte Sache. Neben der Kritik am Sachverhalt kommt es auch auf die Tonlage an. Das treffende Wort zu finden verlangt Fingerspitzengefühl und Erfahrung auf dem Gebiet der Menschenführung. Ähnlich verhält es sich mit den Wertungen und Beurteilungen.

Redewendungen

... jemanden zur Ordnung rufen ...
... Kritik ist eine methodische Übung ...
... jemandem seinen Standpunkt klarmachen ...
... bessere dich zuerst ...
... jemandem etwas vor Augen halten ...
... ein Machtwort zu jemandem sprechen ...
... jemandem die Meinung sagen ...
... jemandem Vorhaltungen machen ...
... jemanden zur Verantwortung ziehen ...

Zitate

Die Kritik ist eine methodische Übung der **Urteilskraft**.
Joseph Joubert

Ich bin dankbar für die schärfste Kritik, wenn sie nur **sachlich** bleibt.
Otto von Bismarck

Ich lasse mich nicht irre schrein,
nicht durch Kritik noch **Zweifel**.
Johann Wolfgang von Goethe

Bessere dich zuerst, ehe du andere bessern willst!
Konfuzius

Kritik ist die Steuer, die ein Mensch der **Öffentlichkeit** entrichtet, damit sie ihm erlaubt, außergewöhnlich zu sein.
Jonathan Swift

Ein **Übermaß** von Kritik zeugt von Unverständnis.
Gustave Flaubert

Wir sollten immer nur **charakterisieren** wollen, nie kritisieren.
Christian Morgenstern

Wir kritisieren gerade da, wo wir **lieben**.
Hans Margolius

Es ist leicht, einen Autor zu kritisieren, aber schwer, ihn richtig zu **verstehen**.
Vauvenargues

Ach, welch ein **Unterschied** ist es, ob man sich oder die anderen beurteilt.
Johann Wolfgang von Goethe

Ein jeder ist so viel wert, als die Dinge wert sind, um die es ihm **ernst** ist.
Marc Aurel

Ein jeder gibt den **Wert** sich selbst.
Friedrich Schiller

Das Wirkende ist immer wertvoller als das, was eine **Wirkung** erfährt.
Aristoteles

Man ist viel wert in der Welt, wenn man sein **Fach** versteht!
Adolph Freiherr von Knigge

Hat etwas Wert, es muss **zutage** kommen.
Johann Wolfgang von Goethe

Ich **bewundere**, was über mir ist, ich beurteile es nicht.
Johann Wolfgang von Goethe

Dass das Wesen aller Menschen so geartet ist, dass sie **Fremdes** besser sehen und beurteilen als Eigenes!
Terenz

Wenn man einen Menschen richtig beurteilen will, so frage man sich immer:
„Möchtest du den zum **Vorgesetzten** haben?"
Kurt Tucholsky

Niemals haben zwei Menschen die gleiche Sache in ganz derselben Weise beurteilt; und es ist unmöglich, zwei **Meinungen** zu finden, die genau gleich sind.
Michel de Montaigne

Thema: Maßnahme, Initiative

Wer zuerst die Initiative ergreift, ist immer einen Schritt voraus. Aber auch die richtigen Maßnahmen entscheiden über den Erfolg.

Redewendungen

... mit etwas Neuland betreten ...
... so kraftvoll wie eine Idee ...
... die Weichen stellen ...
... Talent der Erfindung ...
... den Anstoß geben ...
... die Initiative ergreifen ...
... Glaube an die eigene Kraft ...
... alles wagen, um zu retten ...
... etwas in die Wege leiten ...
... von vorne anfangen ...
... etwas in Gang bringen ...
... ins Rollen bringen ...
... besser ein Licht anzünden ...

Zitate

Not ist der Ansporn des Genius.
Honoré de Balzac

Geringfügige **Chancen** sind schon oft der Beginn großer **Unternehmungen** geworden.
Demosthenes

Es kommt nichts ohne **Interesse** zustande.
G. W. Friedrich Hegel

Nichts auf der Welt ist so kraftvoll wie eine **Idee**, deren Zeit gekommen ist.
Victor Hugo

Genie ist das Talent des Erfindens dessen, was nicht gelehrt oder gelernt werden kann.
Immanuel Kant

Nichts ist dauerhafter als die **Veränderung**.
Heraklit

Das **Bessere** ist der Feind des Guten.
Ovid

Wer eine neue **Idee** hat, ist so lange ein Sonderling, bis sich die Idee durchgesetzt hat.
Mark Twain

Hypothesen sind Netze; nur der wird fangen, der auswirft.
Novalis

Die **Dinge** ändern sich nicht, wir ändern uns.
Henry David Thoreau

Nichts ist schrecklich, was **notwendig** ist.
Euripides

Wenn es einen **Glauben** gibt, der Berge versetzen kann,
so ist es der Glaube an die eigene **Kraft**.
Marie von Ebner-Eschenbach

Das will ich, so befehle ich es, anstelle des Grundes steht mein **Wille**.
Juvenal

Alles zu retten muss alles **gewagt** werden.
Friedrich Schiller

Wenn wir nicht von vorne anfangen, dürfen wir nicht hoffen, **weiterzukommen**.
Johann Gottfried von Seume

Wer **will**, der kann; wer nicht will, der muss.
Seneca

Thema: Meinungsverschiedenheit, Uneinigkeit, verschiedene Standpunkte

Nicht immer gelingt es Einigkeit zu erzielen. Manchmal sind die Differenzen zu groß und die Standpunkte zu unterschiedlich. Da helfen nur noch klare und deutliche Worte und Aussagen, die von beiden Seiten akzeptiert werden.

Redewendungen

... auf einem anderen Standpunkt stehen ...
... einen anderen Standpunkt vertreten ...
... nicht im Einklang miteinander stehen ...
... unterschiedlicher Meinung sein ...
... gegensätzlicher Ansicht/Meinung sein ...
... ganz im Gegenteil ...

Zitate

Um **Erfolg** zu haben, musst du den Standpunkt des anderen einnehmen und die Dinge mit seinen Augen betrachten.
Henry Ford

Der **Einklang** ist bei der Diskussion etwas Unerwünschtes.
Michel de Montaigne

Erstritten ist besser als erbettelt.
Marie von Ebner-Eschenbach

Geduld mit der Streitsucht der Einfältigen!
Es ist nicht leicht zu begreifen, dass man nicht begreift.
Marie von Ebner-Eschenbach

Dem **tapfern** Mann, der wohl gestritten, lohnt mit Recht ein edles Wort.
Sophokles

Die Mühe des **Wortwechsels** überwiegt bei weitem seine Nützlichkeit.
Joseph Joubert

Nicht jene, die streiten, sind zu fürchten, sondern jene, die **ausweichen**.
Marie von Ebner-Eschenbach

So viele Menschen, so viele **Meinungen.**
Terenz

Pferderennen gibt es nur, weil es Meinungsverschiedenheiten gibt.
Mark Twain

Denn unter vielen ist zu **vielerlei** Meinung.
Johann Wolfgang von Goethe

Alle Ketten der Meinung sind für mich zerbrochen.
Ich kenne nur die Ketten der **Notwendigkeit**.
Jean-Jacques Rousseau

Es gibt Menschen, die sich immer **angegriffen** fühlen, wenn jemand eine Meinung ausspricht.
Christian Morgenstern

Lerne **Widerspruch** ertragen.
Sei nicht kindisch eingenommen von deinen Meinungen.
Adolph Freiherr von Knigge

Im **Zweifel**, welche Meinung die wahrste sei, wähle man nur die ehrlichste.
Joseph Joubert

Das Gleiche lässt uns in Ruhe; aber der Widerspruch ist es, der uns **produktiv** macht.
Johann Wolfgang von Goethe

Oft ist man mit sich selbst ebenso sehr im **Widerspruch** wie mit anderen.
La Rochefoucauld

Thema: Ordnung, Organisation, System

Ohne ein Mindestmaß an Ordnung kommt kein System aus. Und von einer effizienten Organisation hängt der Erfolg eines Unternehmens ab.

Redewendungen

... Ordnung halten ...
... in Ordnung bringen ...
... Ordnung stiften ...
... für Ordnung sorgen ...
... hier herrscht Ordnung ...
... zur Ordnung anhalten ...
... wieder Ordnung herstellen ...

Zitate

Ordnung zu stiften ist des **Weisen** Amt.
Thomas von Aquin

Zufriedene Menschen sind die ordentlichsten **Mitarbeiter**.
Jean Paul

Gut bei **allem** ist Ordnung.
Homer

Organisieren heißt **befehlen** – Geist und Hand trennen sich.
Oswald Spengler

Nur durch **Mut** kann man Ordnung in sein Leben bringen.
Vauvenargues

Ordnung und Unordnung kann man lernen – es ist **Gewohnheit**.
Jean Paul

Jedes **System** ist ein System der Freiheit und der **Notwendigkeit** zugleich.
G. W. Friedrich Hegel

Ordnung führt zu allen **Tugenden**!
Aber was führt zur Ordnung?
Georg Christoph Lichtenberg

Thema: Probleme lösen

Problemlösungen sind gefragt – und jeden Tag sind Führungskräfte und Mitarbeiter aufs Neue gefordert.

Redewendungen

... ein Problem offen anfassen ...
... Forderungen und Ansprüchen gerecht werden ...
... mit einer Sache klarkommen ...
... über die Runden kommen ...
... etwas zustande bringen ...
... etwas über die Bühne bringen ...
... einen Ausweg/Weg finden ...
... um die Probleme herumreden ...
... die Probleme erfassen ...
... die Welt ist voller Probleme ...
... Probleme lösen ist eine Aufgabe ...

Zitate

Die meisten Menschen wenden mehr **Zeit** und **Kraft** daran, um die Probleme herumzureden, als sie anzupacken.
Henry Ford

Je **einfacher** das Problem, desto tiefer muss es gefasst werden.
Marie von Ebner-Eschenbach

Die Erfindung eines Problems ist oft wichtiger als die Erfindung der **Lösung**.
Walter Rathenau

Wenn man statt des Problems ein anderes hinsetzt, so denkt die gleichgültige Menge schon, es wäre ihr **geholfen**.
Johann Wolfgang von Goethe

Missklänge gibt es überall, und nur unser ist die Schuld, wenn wir sie übermäßig empfinden.
Gustav Freytag

Widerwärtigkeiten sind Pillen, die man schlucken muss – und nicht kauen.
Georg Christoph Lichtenberg

Die besten Dinge sind die **schwersten**.
Plutarch

Unreine **Lebensverhältnisse** soll man niemand wünschen; sie sind aber für den, der zufällig hineingerät, Prüfsteine des Charakters und des Entschiedensten, was der Mensch vermag.
Johann Wolfgang von Goethe

Wer die **Welt** nicht leicht nimmt, dem macht sie Schwierigkeiten.
Hafis

Hindernisse überwinden ist der Vollgenuss des Daseins.
Arthur Schopenhauer

Man **löst** keine Probleme, indem man sie aufs Eis legt.
Winston Churchill

Kein Problem wird gelöst, wenn wir träge darauf warten, dass sich **andere** darum kümmern.
Martin Luther King

Thema: Ratschläge, Lösungen, Mittel

Gute Ratschläge zu erteilen setzt Fachwissen, Kenntnis und Erfahrung voraus. Lösungen bieten meist nur Experten, Fachleute oder Spezialisten. Über die Mittel wird jedoch häufig gestritten.

Redewendungen

... Mittel und Wege finden ...
... nach Mitteln und Wegen suchen ...
... jemanden um Rat fragen ...
... bei jemandem Rat suchen ...
... auf den erlösenden Einfall hoffen ...
... einen anderen Weg gehen ...
... die Sache reifen lassen ...
... sich selber raten ...

Zitate

Die **Notwendigkeit** aber ist der beste Ratgeber.
Johann Wolfgang von Goethe

Am nützlichsten sind die **Ratschläge**, die am leichtesten zu befolgen sind.
Vauvenargues

Die **Zeit** bringt Rat, sie wird die Sache reifen.
Adalbert von Chamisso

Auch vom **Feind** kommt häufig uns ein guter Rat.
Aristophanes

Rate sich jeder **selber** und tue, was er nicht lassen kann.
Johann Wolfgang von Goethe

Man durchschneide nicht, was man **lösen** kann.
Johann Wolfgang von Goethe

Wie schwer, den **Zweck** zu wollen und die **Mittel** zu verschmähen!
Johann Wolfgang von Goethe

In weltlichen Dingen sind nur zu betrachten die Mittel und der Gebrauch.
Johann Wolfgang von Goethe

Der Grund aller **Verkehrtheit** in Gesinnungen und Meinungen ist Verwechslung des Zwecks mit dem Mittel.
Novalis

Thema: Recht, Gesetz, Gericht

Im Geschäftsleben kommt es nicht selten zu juristischen Auseinandersetzungen, die manchmal auch vor Gericht enden. Streitigkeiten können mit gutem Willen gelöst werden, an Recht und Gesetz führt jedoch kein Weg vorbei.

Redewendungen

... auf dem Boden des Gesetzes ...
... Herrschaft der Gesetze ...
... Recht des Stärkeren ...
... mit dem Gesetz in Konflikt kommen ...
... das Recht mit den Füßen treten ...
... Feind des Rechtes ...
... die Gesetze sollen sprechen ...
... sich strafbar machen ...

... sich sein Recht verschaffen ...
... sich das Recht vorbehalten ...
... unter Ausschluss des Rechtsweges ...
... vorstellig werden vor dem Gericht ...
... etwas zu Protokoll geben ...
... auf der Anklagebank sitzen ...
... gegen jemanden einen Prozess anstrengen ...
... die Schwere des Gesetzes zu spüren bekommen ...
... jemanden nach Recht und Gesetz verurteilen ...
... Aussage steht gegen Aussage ...
... etwas für null und nichtig erklären ...

Zitate

Das Gesetz ist der **König** über alles.
Pindar

Die Gesetze müssen sich nach den **Verfassungen** richten, nicht aber die Verfassungen nach den Gesetzen.
Aristoteles

Ein Gesetz muss kurz sein, damit es leichter vom **Unkundigen** behalten wird.
Seneca

Was das Gesetz nicht gebietet, das **verbietet** es.
Aristoteles

Die **Herrschaft** der Gesetze ist mächtiger als die der Menschen.
Livius

Die **Sitten** sind die Menschen, aber das Gesetz ist die Vernunft eines Landes.
Immanuel Kant

Wer kein Gesetz achtet, ist ebenso **mächtig**, als wer kein Gesetz hat.
Gotthold Ephraim Lessing

Das Recht des Stärkeren ist das stärkste **Unrecht.**
Marie von Ebner-Eschenbach

Das strengste Recht ist oft die größte **Schikane**.
Terenz

Der größte Feind des Rechtes ist das **Vorrecht**.
Marie von Ebner-Eschenbach

Groß darf ja **denken**, dem das Recht zur Seite steht.
Sophokles

Wer's Recht hat und **Geduld**, für den kommt auch die Zeit.
Johann Wolfgang von Goethe

Wer mit dem Gericht zu tun hat, ganz gleich, wer er ist, **verliert** immer dabei.
Michel de Montaigne

Haltet **gerechtes** Gericht!
Altes Testament, Sacharja 7,9

In den Gerichtshöfen sollen die Gesetze sprechen und der Herrscher schweigen.
Friedrich der Große

Thema: Reden, Rhetorik, Konversation

Gekonnt Reden zu halten, gute Rhetorik zu leisten und keine langweilige Konversation zu betreiben ist oft ein Kunststück. Auch im Schriftverkehr sind Abwechslung und Stil gefragt.

Redewendungen

... sich nicht lange bei der Vorrede aufhalten ...
... keine große Einleitung machen ...
... schnell zur Sache kommen ...
... kurz und bündig erklären ...
... das Wichtigste zusammenfassen ...
... etwas mit wenigen Worten schildern ...
... kurz und treffend kennzeichnen ...
... um es kurz zu machen ...
... der langen Rede kurzer Sinn ...
... große Worte machen ...
... eine andere Tonart anschlagen ...

Zitate

Viel reden heißt alles **zerreden**.
Leo N. Tolstoi

Sanftes Reden schadet nicht.
Jean de La Fontaine

Rede nicht von Dingen, die außer dir schwerlich jemand **interessieren** können!
Adolph Freiherr von Knigge

Eine **Sprache** mit Geschick handhaben heißt, eine Art Beschwörungszauber treiben.
Charles Baudelaire

Was man ernst meint, sagt man am besten im **Spaß.**
Wilhelm Busch

Wer die Welt **überzeugt**, regiert sie.
Thomas Carlyle

Denn es ist ein ander Ding zu reden und zu **tun**.
Albrecht Dürer

Solange man selbst redet, **erfährt** man nichts.
Marie von Ebner-Eschenbach

Wenn du eine weise **Antwort** willst, musst du vernünftig fragen.
Johann Wolfgang von Goethe

Thema: Risiko, Vorsicht, Leichtsinn

Tagtäglich müssen Entscheidungen gefällt werden, die nicht immer ohne Risiko sind. Vorsicht bei Geschäften ist oft geboten. Und Leichtsinn kann teuer werden.

Redewendungen

... Vorsicht walten lassen ...
... Mut zum Risiko ...
... den Leichtsinn verbannen ...
... Vorsicht ist besser als Nachsicht!
... Vosichtsmaßregeln treffen ...
... das Risiko eingehen ...
... über dünnes Eis laufen ...
... alles aufs Spiel setzen ...
... ein gewagtes Spiel spielen ...
... etwas in der Hinterhand halten ...
... alles von der leichten Seite nehmen ...
... Chancen als Erster sehen ...

Zitate

Ohne **Risiko** geschieht keine große und denkwürdige **Tat.**
Terenz

Man kann **Vorsicht** Furcht, man kann **Mut** Leichtfertigkeit nennen.
Otto von Bismarck

Wenn du über dünnes Eis läufst, liegt die **Sicherheit** in deiner Geschwindigkeit.
Ralph Waldo Emerson

Eine **Chance** zu sehen, ist keine Kunst. Die Kunst ist, eine Chance als Erster zu sehen.
Benjamin Franklin

Klug ist, wer sich ruhig verhält zur rechten Zeit, und diese Vorsicht ist es, die den Mann bewährt.
Euripides

Was wäre das Leben, hätten wir nicht den Mut, etwas zu **riskieren**.
Vincent van Gogh

Vorsicht ist die Einstellung, die das Leben sicherer macht, aber selten glücklich.
Samuel Johnson

Wer große Dinge wagt, riskiert unvermeidlich seinen **Ruf**.
Vauvenargues

Die Vorsicht hält den ehrlichen Mann immer **schadlos**.
Gotthold Ephraim Lessing

Vorsicht und **Misstrauen** sind gute Dinge, nur sind auch ihnen gegenüber Vorsicht und Misstrauen nötig.
Christian Morgenstern

Aus **Vorsatz** hast du nie, aus Leichtsinn stets gehandelt.
Johann Wolfgang von Goethe

Der **Leichtsinn** ist ein Schwimmgürtel für den Strom des Lebens.
Ludwig Börne

Bei großen **Unternehmungen** wie bei großen **Gefahren** muss der Leichtsinn verbannt sein.
Johann Wolfgang von Goethe

Thema: Schwierigkeiten, Bedrängnis, Verlegenheit

Im Geschäftsleben läuft nicht alles glatt. Schwierigkeiten und Bedrängnisse gehören zum Alltag und müssen bewältigt werden.

Redewendungen

... in die Verlegenheit kommen ...
... in Schwierigkeiten geraten ...
... in Bedrängnis kommen ...
... jemanden in eine unangenehme Lage bringen ...
... jemanden in eine unangenehme Situation bringen ...
... auf das Äußerste gefasst sein ...
... mit dem Schlimmsten rechnen ...
... die Sache ist völlig verfahren ...

Zitate

Die größten **Schwierigkeiten** liegen da, wo wir sie nicht suchen.
Johann Wolfgang von Goethe

Die Schwierigkeiten scheinen nur da zu sein, um **überwunden** zu werden.
August Heinrich Hoffmann von Fallersleben

Bin ich jemals glücklich, außer wenn ich Schwiegkeiten zu **überwinden** habe?
Katherine Mansfield

Die Schwierigkeiten wachsen, je näher man dem **Ziele** kommt.
Johann Wolfgang von Goethe

Es ist gut, in **Bedrängnis** zu leben; das wirkt wie eine gespannte Feder.
Montesquieu

Wir sind nicht klein, wenn **Umstände** uns zu schaffen machen, nur wenn sie uns überwältigen.
Johann Wolfgang von Goethe

Was für den Körper der Schwindel, das ist **Verlegenheit** für den Geist.
Ludwig Börne

Hilf mir nur erst aus meinen **Nöten**, Freund, die Rede kannst du nachher halten.
Jean de La Fontaine

Das **Glück** des Lebens besteht nicht sowohl darin, wenig oder keine Schwierigkeiten zu haben, sondern sie alle siegreich und glorreich zu überwinden.
Carl Hilty

Das Wort **Schwierigkeit** muss gar nicht für einen Menschen von Geist als existent gedacht werden. Weg damit!
Georg Christoph Lichtenberg

Thema: Sorge, Fürsorge, Verantwortung

Als Unternehmer oder Vorgesetzter steht man immer in der Verantwortung. Dazu gehört auch die Fürsorgepflicht, Schaden oder Gefahren von den Mitarbeitern abzuwenden.

Redewendungen

... die Verantwortung übernehmen ...
... für etwas verantwortlich zeichnen ...
... desto größer die Sorge ...
... für etwas gerade stehen ...
... jemandem zur Rechenschaft ziehen ...
... für etwas einstehen ...
... eine schwere Verantwortung auf sich laden ...
... seiner Fürsorgepflicht nachkommen ...
... von jemandem Schaden abwenden ...

Zitate

Mit der Zeit lassen die **Sorgen** nach.
Ovid

Die Sorge ist das Verhältnis zum **Leben**.
Sören Kierkegaard

Je größer das **Gut**, desto größer die Sorge.
Seneca

Wir sind nicht nur für das **verantwortlich**, was wir tun, sondern auch für das, was wir nicht tun.
Molière

Der Preis der Größe ist **Verantwortung.**
Winston Churchill

Thema: Vorbild, Beispiel, musterhaft

An Vorgesetzten orientieren sich Mitarbeiter und Führungskräfte. Aber auch in der täglichen Handlungsweise zeigt es sich, ob die Vorgehensweise beispielhaft und mustergültig ist.

Redewendungen

... sich jemanden zum Vorbild nehmen ...
... ein Vorbild an Kollegialität ...
... mit gutem Beispiel vorangehen ...
... seinen geraden Weg gehen ...
... jemandem als Richtschnur dienen ...
... lehren durch Beispiel ...

Zitate

Bevor ihr den **Menschen** predigt, wie sie sein sollen, zeigt es ihnen an euch selbst.
F. M. Dostojewskij

Wer Vorbild in der **Gesellschaft** ist, muss nicht mehr ihr Werkzeug sein.
Joseph Joubert

Für sein **Tun** und **Lassen** darf man keinen anderen zum **Muster** nehmen.
Arthur Schopenhauer

Erfüllt selbst, was ihr verkündet, und alle werden euch **folgen**.
F. M. Dostojewskij

Die Menschen werden am besten durch **Beispiele** belehrt.
Plinius d. J.

Ein edles Beispiel macht die schweren **Taten** leicht.
Johann Wolfgang von Goethe

Wir lehren nicht bloß durch **Worte**; wir lehren auch weit eindringlicher durch unser Beispiel.
Johann Gottlieb Fichte

Setze dir ein **Muster** und Vorbild, und lebe danach; sowohl wenn du allein bist, als wenn du unter die Leute kommst.
Epiktet

Wir können die anderen nur durch uns selbst **erziehen**.
Leo N. Tolstoi

Thema: Wahl, Entscheidung, Entschluss

Entscheidungen bedürfen oft der richtigen Wahl. Ist die Wahl jedoch getroffen, fällt der Entschluss leicht.

Redewendungen

... zur Wahl stehen ...
... zur Auswahl stehen ...
... in die engere Wahl ziehen ...
... vor der Entscheidung stehen ...
... einen Entschluss fassen ...
... den sichersten Weg gehen ...
... die beste Auswahl treffen ...

Zitate

Denn wer lange **bedenkt**, der wählt nicht immer das Beste.
Johann Wolfgang von Goethe

Entschlossenheit ist Starrsinn, den wir billigen.
Ambrose Bierce

Will man angreifen, so muss es mit **Entschiedenheit** geschehen.
Helmuth Graf von Moltke

Entschlossenheit im Unglück ist immer der halbe Weg zur Rettung.
Johann Heinrich von Pestalozzi

Wer schnell entschlossen ist, der strauchelt leicht.
Sophokles

So ist **Entschiedenheit** und **Folge** nach meiner Meinung das Verehrungswürdigste am Menschen.
Johann Wolfgang von Goethe

Fester **Entschluss** und beharrliche Durchführung eines einfachen Gedankens führen am sichersten zum Ziel.
Helmuth Graf von Moltke

Ein fester **Entschluss** verwandelt das größte Übel in einen erträglichen Zustand.
Stendhal

Thema: Wirkung, Folge, Folgerung

Ein „Dreiklang", der erfolgversprechend sein kann, wenn die Ausgangslage stimmt.

Redewendungen

... nicht ohne Folgen bleiben ...
... etwas zur Folge haben ...
... seine Wirkung nicht verfehlen ...
... etwas lässt nicht lange auf sich warten...
... die Konsequenzen ziehen ...
... kleine Wirkung, große Ursache ...
... das Wirkende ist immer wertvoller ...

Zitate

Es gibt keine Wirkung ohne **Ursache**.
Voltaire

Nur in **Wirkung** und **Gegenwirkung** erfreuen wir uns!
Johann Wolfgang von Goethe

Das **Wirkende** ist immer wertvoller als das, was eine Wirkung erfährt.
Aristoteles

Wer zu sehr die **Folgen** bedenkt, kann nicht mutig sein.
Arabisches Sprichwort

Die Folgen unserer **Handlungen** fassen uns am Schopfe.
Friedrich Nietzsche

Thema: Zeit

Die Zeit ist immer ein wichtiges Thema. Zeit diktiert das Geschehen, fördert oder verhindert Prozesse in Wirtschaft und Gesellschaft. Die Zeit ist ein Faktor, der immer gegenwärtig ist.
Deshalb gibt es eine Vielzahl von Redewendungen und Zitaten, die mit dem Thema Zeit zu tun haben.

Redewendungen

... seit kurzer Zeit ...
... seit längerer Zeit ...
... seit einiger Zeit ...
... seit kurzem ...
... zu jeder Zeit ...
... zu allen Zeiten ...
... zur festgesetzten Zeit ...
... zur vereinbarten Zeit ...
... seit geraumer Zeit ...
... zur rechten Zeit ...
... die Zeit fliegt dahin ...
... zu gegebener Zeit ...

... zu keiner Zeit ...
... um diese Zeit ...
... zur gleichen Zeit ...
... zur selben Zeit ...

Zitate

Die Zeit bringt Rat. Erwartet in **Geduld**.
Friedrich Schiller

Die Zeit fliegt dahin.
Cicero

Die Zeit ist **Bewegung** im Raum.
Joseph Joubert

Die Zeit ist selbst ein **Element**.
Johann Wolfgang von Goethe

Alles braucht eben seine Zeit.
Voltaire

Der Zeit nachgeben heißt, sie **überflügeln**.
Baltasar Gracián y Morales

Die Leute, die niemals Zeit haben, **tun** am wenigsten.
Georg Christoph Lichtenberg

Alles hat seine Zeit.
Deutsches Sprichwort

Verlorene Zeit wird nicht wieder gefunden.
Benjamin Franklin

Versäumt die Zeit nicht, die **gemessen** ist.
Johann Wolfgang von Goethe

Wer **Großes** vorhat, lässt sich gerne Zeit.
Sophokles

Zeitverschwendung ist die leichteste aller Verschwendungen.
Henry Ford

Nie in die Ferne Zeit verliere dich!
Den **Augenblick** ergreife! Der ist dein.
Friedrich Schiller

6. Kapitel
Weitere Abkürzungsstrategien ...

Es gibt eine Vielzahl von Abkürzungsmöglichkeiten. So können überflüssige Eigenschaftswörter gestrichen, entbehrliche Silben und Vorsilben weggelassen und veraltete Floskeln durch moderne Aussagen ersetzt werden. Ausprobieren!

Entbehrliche Eigenschaftswörter

Überflüssige Eigenschaftswörter machen die Texte nicht gerade kürzer. Sie können darauf verzichten, wie die Beispiele zeigen:

absolute Diskretion	Diskretion
aufgeführter Sachverhalt	Sachverhalt
ausgewogene Qualität	Qualität
enorme Anstrengung	Anstrengung
entschiedene Aufrichtigkeit	Aufrichtigkeit
erforderlicher Bedarf	Bedarf
fortgesetztes Verfahren	Verfahren
geleistete Arbeit	Arbeit
genaues Beobachten	Beobachten
gewachsene Beziehungen	Beziehungen
große Verantwortung	Verantwortung
grundsätzliche Entscheidung	Entscheidung
hinreichende Begründung	Begründung
hohe Bildung	Bildung
kluge Diplomatie	Diplomatie
mutmaßliche Behauptung	Behauptung
notwendige Erfordernisse	Erfordernisse
packender Ehrgeiz	Ehrgeiz
schlagkräftiges Argument	Argument

sinnvolles Beispiel	Beispiel
starke Bedenken	Bedenken
starkes Misstrauen	Misstrauen
tief greifende Erkenntnis	Erkenntnis
unterlaufener Irrtum	Irrtum
verantwortungsvolle Führungskräfte	Führungskräfte
vielseitiges Interesse	Interesse
vitale Kraft	Kraft
volle Hektik	Hektik
vollzogener Einsatz	Einsatz
vorgebrachter Vorschlag	Vorschlag

Entbehrliche Vorsilben

Entbehrliche Vorsilben sind ebenfalls Teil der Abkürzungsstrategie:

abändern	ändern	**ab**plagen	plagen
ansteigen	steigen	**ab**sichern	sichern
abblocken	blocken	**ab**spalten	spalten
abgehetzt	gehetzt	**ab**speichern	speichern
abisolieren	isolieren	**ab**stempeln	stempeln
abkürzen	kürzen	**ab**schließen	schließen
ableugnen	leugnen	**ab**senken	senken
abmahnen	mahnen	**an**sparen	sparen
abmessen	messen	**ab**sperren	sperren

So vermeiden Sie Floskeln

Vermeiden Sie unbedingt Floskeln. Sie sind veraltet und können durch kurze zeitgemäße Aussagen ersetzt werden.
Vielleicht kommt Ihnen bei unserer Auflistung die eine oder andere Formulierung bekannt vor. Dann ersetzen Sie diese ganz einfach durch die **Ersatzformulierung**:

👎 *Wir hoffen auf eine weiterhin gute Zusammenarbeit ...*

Wir freuen uns auf die Zusammenarbeit mit Ihnen.

👎 *In Anbetracht der Tatsache ...*

In diesem Fall/In dieser Sache/In dieser Angelegenheit ...

👎 *... reichen wir Ihnen zu unserer Entlastung zurück.*

... erhalten Sie zu unserer Entlastung.

👎 *Wir dürfen Sie höflichst bitten ...*

Wir bitten Sie...

👎 *Wir können Ihnen diesbezüglich ...*

Wir können Ihnen gemäß/in Bezug/passend ...

👎 *Wir ersuchen Sie höflichst um eine Mitteilung!*

Bitte teilen Sie uns mit ...

👎 *Für Ihre Mühewaltung danken wir Ihnen.*

Für Ihre Bemühungen danken wir Ihnen.
Besten Dank für Ihre Bemühungen.
Danke für die Bemühungen.

👎 *Die Kosten wollen Sie uns bitte in Rechnung stellen.*

Bitte senden Sie uns eine Rechnung zu.

👎 *Wir bitten Sie höflichst um rasche Erledigung.*

Wir bitten um rasche Bearbeitung/Erledigung.

👎 *Aus gegebenem Anlass möchten wir Sie darauf hinweisen, dass ...*

Wir weisen Sie darauf hin, dass ....
Wir möchten Sie darüber informieren, dass ...

👎 *Dazu möchten wir Folgendes bemerken: ...*

Wir möchten anmerken ...
Wir möchten Sie darauf hinweisen ...
Teilen wir Ihnen mit ...

👎 *Ihr Anliegen haben wir zur Kenntnis genommen.*

Danke für Ihre Informationen.
Für den Hinweis danken wir Ihnen.
Ihre Nachricht ist bei uns angekommen.

👎 *Wir hoffen, Ihnen damit gedient zu haben.*

Noch Fragen? Sie erreichen uns unter ...

👎 *Ihrer Antwort entgegensehend, verbleiben wir ...*

Gerne hören wir von Ihnen.
Wir freuen uns auf Ihre Antwort.

👎 *... stehen wir Ihnen auch weiterhin zu Diensten.*

Besten Dank für Ihr Vertrauen.
Wir freuen uns, für Sie tätig zu sein.

👎 *Wir würden uns freuen, Sie auch weiterhin zu unseren geschätzten Kunden zu zählen ...*

Willkommen im Kreise unserer zufriedenen Kunden!
Es freut uns, dass wir Sie zu unseren Kunden zählen.

Vielfalt der Kürzungsvarianten

Wer Kürze in seinen Texten anstrebt, der kommt nicht umhin, bei den Silben anzufangen. Denn je kürzer und prägnanter die Sätze eingeführt werden, desto wirkungsvoller erschließt sich der Text.

Entdecken Sie die Vielfalt der Kürzungsvarianten:

aufgetretene Schwierigkeiten	**Probleme**
ausführlich dargelegt	**detailliert**
ausreichende Kenntnisse	**Wissen**
beigefügt ist der Bericht	**anbei**
bessere Entscheidungsmöglichkeiten	**Auswahlkriterien**
bestehende Möglichkeiten	**Chancen**
darauf hinzuweisen	**hinweisen**
dringend geboten	**nötig, notwendig**
entsprechend abwägen können	**kalkulieren**
ernsthafte Konsequenzen	**Folgen**
erschöpfend beantworten	**ausführlich**
hierbei konnte festgestellt werden	**haben wir festgestellt**
ist es unabdingbar	**zwingend**
nicht einsatzfähig	**fehlerhaft**
Notwendigkeit zur Rationalisierung	**Kostendämmung, Einsparung**
rechtzeitige Planung	**termingerecht**
so bald wie möglich	**eilt, rasch, schnell**
über dauerhafte Vorteile verfügen	**vorzugsweise**
unangenehme Umstände	**Widrigkeiten**
unser Bestreben ist es	**unser Ziel**
unter höflicher Bezugnahme	**nehmen wir Bezug**
vorgebrachte Meinung	**Vorschlag**
wir sind jetzt in der Lage ...	**wir können Ihnen ...**
zu den von Ihnen genannten Bedenken	**Einwänden**
zu unserem Bedauern	**leider**
zur Aufhebung zu bringen	**aufzuheben**
zur Verfügung zu stellen	**bereit stellen**
zusammenfassend feststellen	**insgesamt**
zusätzlich anberechnen	**berechnen wir**

Doppelaussagen

Doppelaussagen sind unnütz und können vermieden werden.
Hier einige Beispiele:

Allgemeinbefinden	**Befinden**
Allgemeinbildung	**Bildung**
Arbeitseinkommen	**Einkommen**
Arbeitskollege	**Kollege**
Aussonderung	**Sonderung**
einzelne Details	**Details**
Grundprinzip	**Prinzip**
insbesondere	**besonders**
Rückantwort	**Antwort**
schlussendlich	**endlich**
übersichtlich ordnen	**ordnen**
Vorbedingung	**Bedingung**

Die Füllwörterfalle

Füllwörter verlängern einen Satz nur unnötig.
Sparen Sie auch daran.

anlässlich Ihres Besuches
bei dieser Gelegenheit
diesbezüglich Stellung nehmen
Ihre positive Resonanz
in diesem Zusammenhang
in o. g. Angelegenheit
nach dem heutigen Stand
unter höflicher Bezugnahme
unter Zuhilfenahme
zu meiner großen Freude
zu unserem Bedauern
zur gefl. Kenntnisnahme

Abkürzungsverzeichnis für den Büroalltag

Verwenden Sie auch Abkürzungen. Abkürzungen lockern auf, straffen das Textbild, verhindern Wiederholungen. Sie machen den Text optisch ansprechender und kürzer.
Hier finden Sie die wichtigsten und gängigsten Abkürzungen des Schriftverkehrs:

A

a.A.: auf Anordnung, auf Abruf, auf Antrag
Abb.: Abbildung
Abh.: Abhandlung
Abk.: Abkommen
Abs.: Absatz
Abtl.: Abteilung
Adr.: Adresse
AktZ. : Aktenzeichen
Anh.: Anhang
Anl.: Anlage
Anm.: Anmerkung
Art.: Artikel
Ass.: Assessor
Aufl.: Auflage
Auftr.: Auftrag
Ausg.: Ausgabe
Ausw.: Auswahl
AV: Arbeitslosenversicherung
av.: arbeitsverwendungsfähig
AVO: Ausführungsverordnung/ Allgemeine Vergütungsverordnung
AZ: Aktenzeichen
a. Z.: auf Zeit

B

b.w.: bitte wenden
Bd.: Band/Bund
Beibl.: Beiblatt
Beil.: Beilage
Beitr.: Beitrag
Bem.: Bemerkung
betr.: betreffend
Bevollm.: Bevollmächtigter
bez.: bezahlt, bezüglich
Bez.: Bezeichnung/Bezirk
BIP: Bruttoinlandsprodukt
BKK: Betriebskrankenkasse
BKZ: Baukostenzuschuss
Bl.: Blatt
BLZ: Bankleitzahl
Bsp.: Beispiel
bzw.: beziehungsweise

C

ca.: ungefähr
cand.: Kandidat
cbm: Kubikmeter
cm: Zentimeter
cmm: Kubikmillimeter

D

d. U.: der Unterzeichnete
d.h.: das heißt
d.M.: dieses Monats
d.R.: der Reserve
DAX: Deutscher Aktienindex
DB: Dezibel
Dd.: Doktorand
Dg: Dekagramm
dg: Dezigramm
Dir.: Direktor
Disk.: Diskont
Diss.: Dissertation
dkg: Dekagramm
dl: Deziliter
dm: Dezimeter
Doz.: Dozent
Dr.: Doktor
dt.: deutsch
dto.: dasselbe, ebenso
Dtz.: Dutzend
Dupl.: Duplikat
dz.: derzeit

E

e.V.: eingetragener Verein
ebd.: ebenda
EDV: Elektronische Datenverarbeitung
Einf.: Einführung
Einl.: Einleitung
einschl.: einschließlich
Empf.: Empfänger
Entw.: Entwurf
etc.: und so weiter
evtl.: eventuell
exkl.: exklusiv
f.d.R.: für die Richtigkeit

F

Fa.: Firma
Fil.: Filiale
Forts.: Fortsetzung
Fragm.: Fragment

G

g: Gramm
g.R.: gegen Rückgabe
Gbr.: Gebrüder
geb.: geboren, gebunden
gedr.: gedruckt
gegr.: gegründet
geh.: geheim
gek.: gekürzt
Gem.: Gemeinde
gen.: genannt
Gen.-Dir.: Generaldirektor
gepr.: geprüft
ges.: gesammelt
ges. gesch.: gesetzlich geschützt
Gesch.-F.: Geschäftsführer
gespr.: gesprochen
Gew.: Gewerkschaft
GewO: Gewerbeordnung
gez.: gezeichnet
GG: Grundgesetz
ggf.: gegebenenfalls
Ggs.: Gegensatz
gr.: Gramm, gratis
grad.: graduiert
Grdr.: Grundriss

H

h.m.: dieses Monats
Hdb.: Handbuch
HGB: Handelsgesetzbuch
HO: Handelsorganisation
HR: Handelsregister
Hrsg.: Herausgeber
hrsg.: herausgegeben
Hs.: Handschrift

I

i: Information
i.A.: im Auftrag
i.Allg.: im Allgemeinen
i.B.: im Besonderen
i.D.: im Durchschnitt
i.E.: im Enstehen
i.Fa.: in Firma
i.R.: im Ruhestand
i.V.: in Vertretung, in Vollmacht
ill.: illustriert
Ill: Illustration
incl.: inclusive, einschließlich
Ind.: Indikativ
Info: Information
Inh.: Inhaber
inkl.: inklusive
Insp.: Inspektor
int.: international
internat.: international

J

Jahrg.: Jahrgang
Jb.: Jahrbuch
Jg.: Jahrgang
jr.: junior
jun.: junior

K

k: Kilo
k.J.: kommenden Jahres
Kap.: Kapitel
kart.: kartoniert
Kfm., kfm.: Kaufmann; kaufmännisch
kg: Kilogramm
Kj.: Kalenderjahr
kl: Kiloliter
Kl.: Klasse
km: Kilometer
Komm.: Kommentar
Kto.: Konto

L

l: Liter
l.J.: laufenden Jahres
l.M.: laufenden Monats
lat.: lateinisch
lfd.: laufend
Lfg.: Lieferung
Liq.: Liquidation

M

m: Meter
M: Monat
m.E.: meines Erachtens
m.W. meines Wissens
Mag.: Magister
Math.: Mathematik
mb: Millibar
MB: Mitteilungsblatt
Md.: Milliarde
MESZ: Mitteleuropäische Sommerzeit
mg: Milligramm
Mill.: Million
min: Minute
Mitgl.: Mitglied
ml: Milliliter
Mrd.: Milliarde
Ms.: Manuskript
mtl.: monatlich
MV: Mitgliederversammlung

N

N.F.: Neue Folge
n.J.: nächsten Jahres
n.S.: nach Sicht
Nachdr.: Nachdruck
Nachf.: Nachfolger
Nachn.: Nachnahme
NÖ.: Niederösterreich
Neudr.: Neudruck
No.. Nummero
no.: netto
Nom.: Nominativ
Nr.: Nummer
NRT: Nettoregistertonne
nto.: netto

O

O.: Order
o.a.: oben angegeben
o.Ä.: oder Ähnliches
o.B.: ohne Befund
o.K.: ohne Kosten
ÖPD: Österreichischer Pressedienst
Org.: Organisation
OZ: Ordnungszahl

P

p.A.: per Adresse, unter Anschrift
p.a. (lat.) pro anno, fürs Jahr
p.t. (lat.) pro tempore: für jetzt
p.p.: (lat.) per procura, als Prokurist
pl.: planmäßig
Pos.: Position
ppa, p. pa.: (lat) per procura, als Prokurist
PR: Public Relations
Proz.: Prozent

Q

q: Quadrat
q.v.: (lat) quantum vis, in beliebiger Menge
qcm: Quadratzentimeter
qdm : Quadratdezimeter
qkm: Quadratkilometer
qmm: Quadratmillimeter

R

r: Radius
rd.: rund, etwa
Rdschr.: Rundschreiben
RdV: Rundverfügung
resp.: (lat.) beziehungsweise
Rj.: Rechnungsjahr

S

s: Sekunde
s.: sächlich
s. a.: siehe auch
s. o.: siehe oben
s. S.: siehe Seite
s. u.: siehe unten
s. w. u.: siehe weiter unten
Sa.: (lat) summa, Summe
SchG: Schiedsgericht
SchöffG: Schöffengericht
Sem.: Seminar
sen.: senior, der Ältere
Ser.: Serie
sign.: signiert
Slg.: Sammlung
sog.: so genannt
St.-Nr.: Steuernummer
StA: Staatsanwalt
staatl.: staatlich
Std.: Stunde
stellv.: stellvertretend
StGB: Strafgesetzbuch
StK: Stammkapital
StV: Stadtverwaltung

T

t: Tonne, Tempo
T.: Termin
Tab.: Tabelle
theor.: theoretisch
Tit.: Titel
Tl.: Teil
TO: Tarifordnung
Tsd.: Tausend
TZ: Teuerungszuschlag

U

u.: und
u. Ä.: und Ähnliches
u. a.: unter anderem
u. d. T.: unter dem Titel

u. dergl.: und dergleichen
u. desgl.: und desgleichen
u.E.: unseres Erachtens
u.ff.: und folgende
u.v.a.: und viele(s) andere
u. W.: unseres Wissens
uk: unabkömmlich
ult: ultimo
unbest: unbestimmt
usf.: und so fort

V

V: Volumen
v.H.: vom Hundert
v.J.: vorigen Jahres
v.M.: vorigen Monats
v.o.: von oben
v.T.: vom Tausend
v.u.: von unten
Var.: Variante
VB: Verhandlungsbasis
VE: Verrechnungseinheit
Ver.: Verein
Verb.: Verband
Verf.: Verfasser
Veröff.: Veröffentlichung
Verw.: Verwaltung
Verz.: Verzeichnis
Vf.: Verfasser
Vfg.: Verfügung
vgl.: vergleiche
Vj.: Vierteljahr
VO: Verordnung
Vol.: (lat.) Volumen
Vorg.: Vorgang
Vorr.: Vorrede
Vors.: Vorsitzender
Vortr.: Vortrag

W

w.: werktags
w.o.: wie oben
wg.: wegen
WO: Wechselordnung
WV: Wiedervorlage
Wz.: Warenzeichen

X

x: unbekannte Größe
X: Zehn

Z

Z.: Zeitschrift
z.B.: zum Beispiel
z.b.V.: zur besonderen Verwendung
z.d.A.: zu den Akten
z.Hd.: zu Händen
z.R.: zur Rücksprache
z.T.: zum Teil
z.w.V.: zur weiteren Veranlassung
z.Wv.: zur Wiederverwendung, zur Wiedervorlage
Zl.: Zahl, Zeile
Ziff.: Ziffer
zit.: zitiert
ZPO: Zivilprozessordnung
Zs./Ztschr.: Zeitschrift
Ztg.: Zeitung
zuz.: zuzüglich
Zz.: Zinszahl
zzgl.: zuzüglich

7. Kapitel
Auf den Punkt bringen

Wie Fachartikel, Aufsätze und sachbezogene Texte kürzer gefasst werden können, davon handelt dieses Kapitel.

Vielfach werden lange Berichte, Artikel und Fachbeiträge erst gar nicht gelesen, sondern gleich beiseite gelegt und für den „Ernstfall“ archiviert. Erst dann, wenn ein Problem auftritt, werden sie aus der Schublade geholt. Für den Autor ist dies keinesfalls wünschenswert. Warum? Fachautoren wollen und sollen beim Fachpublikum präsent sein und gelesen werden. Am besten gleich, zeitnah und aktuell. Jedenfalls nicht erst in ein paar Wochen oder Monaten. Dies gelingt, wenn der Leser bereits optisch (durch eine überschaubare Textmenge) angesprochen und auf den Text „eingestimmt“ wird. Danach kommt es auf die Qualität der Formulierung an. Diese sollte knapp und präzise sein und ohne Umschweife auf den Punkt kommen.

Dabei kann es vor Beginn des Schreibens hilfreich sein, die Kernaussage zu ermitteln. Ist die Kernaussage gefunden, kann die Textstruktur entwickelt werden. Noch besser ist es, sich die Kernaussage als Randnotiz immer vor Augen zu halten, damit Nebenthemen und Nebenbezüge nicht ins Uferlose geraten. Auch der Zusammenhang lässt sich besser verknüpfen und prüfen, wenn klar ist, worin die Kernaussage besteht. Hinsichtlich der Textökonomie ist Rationalität oberstes Prinzip. Dies darf natürlich nicht dazu führen, dass Texte vorzugsweise aus Abkürzungen, Verweisen und Anhängen bestehen, sondern sie sollen schlüssig und übersichtlich aufgebaut sein. Soll ein Text beim Leser ankommen, muss er lesefreundlich und verständlich sein. Verästelungen im Text, unnötige Fachtermini und komplizierte Satzstrukturen erschweren nur die Les- und Deutbarkeit.

Kurz und bündig zu schreiben kann daher auch (und muss sogar) für Sach- und Fachtexte gelten. Prüfen Sie deshalb immer wieder die Wirtschaftlichkeit Ihrer Texte. Streichen Sie dort, wo es sinnvoll und notwendig ist. Fassen Sie zusammen, was sich kürzer und prägnanter darstellen lässt.

Gelingt dies, hat der Autor den Leser für sich gewonnen.

Haben Sie Mut zur Kürze!

Textbeispiele mit Kürzungsvarianten

Worum geht es?

Kernaussage: „Einrichtung zusätzlicher Buchungsstellen.“

Bei der Bewirtschaftung der Mittel für das Rechnungsjahr ... hat sich ergeben, dass für bestimmte Einnahmen und Ausgaben Haushalts- und Wirtschaftsstellen fehlen. Daher ist es erforderlich, zusätzlich folgende Buchungsstellen einzurichten: ...

Kürzungsvariante

Für das Rechnungsjahr ... fehlen für bestimmte Einnahmen und Ausgaben im Haushalts- und Wirtschaftsplan noch folgende Buchungsstellen: ...

Worum geht es?

Kernaussage: „Prüfung der Kasse durch eigene oder fremde Sachverständige.“

Die Kassenprüfungen werden jeweils von dem für die Kassenaufsicht bestellten Mitglied des Vertreterorgans durchgeführt, es kann sich dabei sachverständiger, nicht dem Vertretungsorgan zugehöriger Personen bedienen.

Kürzungsvariante

Es können sowohl Mitglieder des Vertretungsorgans als auch externe Sachverständige eine Kassenprüfung vornehmen.

Worum geht es?

Kernaussage: „Was bedeutet die Bezeichnung ‚gesperrt‘ im Haushaltsplan?“

Für Ausgaben, die aus besonderen Gründen zunächst noch nicht geleistet werden sollen und deren Leistung im Einzelfall einer besonderen Zu-

stimmung bedarf, sind im Haushaltsplan die Mittel als gesperrt zu bezeichnen.

Kürzungsvariante

Ausgaben, die noch nicht geleistet werden sollen und einer Zustimmung bedürfen, werden im Haushaltsplan als gesperrt bezeichnet.

Worum geht es?

Kernaussage: „Kunden an Produktinnovationen beteiligen."

Innovationen sind heute notwendiger denn je, wenn ein Unternehmen neue Märkte erschließen will. Somit es ist von großem Vorteil, wenn bei der Produktentwicklung auch die Beteiligung von Kunden, deren Akzeptanz und Produktbewertung wichtige Hinweise bieten, vorgesehen ist. Erst danach lassen sich erfolgversprechende Marketingstrategien entwickeln und damit die Risiken der Produkteinführung reduzieren.

Kürzungsvariante

Innovationen sind notwendig, wenn neue Märkte erobert werden sollen. Dabei sollte von Anbeginn eine Beteiligung von Kunden bei der Bewertung und Akzeptanz neuer Produkte angestrebt werden. Risiken können dadurch gemindert und erfolgversprechende Marktstrategien besser entwickelt werden.

Worum geht es?

Kernaussage: „Mangelhafte Vereinbarungen beim Überstundenabbau."

Sehr oft werden in der Praxis Vereinbarungen getroffen, dass die immer wieder zu leistenden Überstunden laufend durch Zeitausgleich abgebaut werden sollen. Dabei wird meist keine Zusatzvereinbarung über den Zeitraum geschlossen, in dem die Überstunden abgebaut werden sollen oder ab welcher Höhe des Überstundenguthabens der Zeitausgleich in An-

spruch genommen werden soll. Aus dieser unklaren Regelung zwischen den Vertragspartnern bleibt häufig nur ein schwankendes Überstundenguthaben für den Arbeitnehmer bestehen.

Kürzungsvariante

In der Praxis werden Überstunden häufig durch Zeitausgleich abgebaut. Dabei wird zwischen den Vertragspartnern weder ein Zeitraum noch eine Überstundenhöhe vereinbart, in der ein Abbau der Überstunden erfolgen soll. So bleibt es häufig für den Arbeitnehmer bei einem schwankenden Überstundenguthaben.

Worum geht es?

Kernaussage: „In der Prozesskostenrechnung sollen unwirtschaftliche Vorgänge schnell erfasst werden."

Immer wichtiger werden in einem Unternehmen die Gemeinkosten. Die Frage stellt sich daher, wie die unterschiedlichen Kostenträger, die oft in komplexen Abläufen auftreten, wie zum Beispiel bei den Beschaffungsvorgängen und in der Auftragsabwicklung, nach dem Verursachungsprinzip zugeordnet werden können. Damit in den Prozessen unwirtschaftliche Vorgänge schnell erkannt werden, ist es Ziel der Prozesskostenrechnung, dieses deutlich zu machen.

Kürzungsvariante

Die Gemeinkosten werden für ein Unternehmen immer wichtiger. Deshalb kommt der Prozesskostenrechnung eine besondere Bedeutung zu. In ihr werden unwirtschaftliche Vorgänge deutlich gemacht. Außerdem können die verschiedenen Kostenträger nach dem Verursachungsprinzip zugeordnet werden.

Worum geht es?

Kernaussage: „Flexiblere Entlohnung bei den Vorstandsbezügen."

Ein verantwortungsbewusst die Interessen der Gesellschaft berücksichtigender Aufsichtsrat sollte sich bei der vertraglichen Regelung der

Vorstandsbezüge dazu veranlasst sehen, neben einem unvariablen (fixen), von der wirtschaftlichen Entwicklung des Unternehmens unabhängigen Bezugsteil gleichermaßen variable Bezugsbestandteile einem Widerrufsvorbehalt vorzusehen (Flexibilisierung der Entlohung).

Kürzungsvariante

Der Aufsichtsrat sollte bei der vertraglichen Regelung der Vorstandsbezüge mehr Flexibilisierung bei der Entlohnung vorsehen. Neben den unvariablen (fixen) Bezugsteilen sollten auch die variablen Bezugsbestandteile einem Widerrufsvorbehalt unterliegen.

Worum geht es?

Kernaussage: „Mengen- und Sondernachlässe nutzen."

Wenn Angebote eingeholt werden, sollte die Möglichkeit zur Erreichung von Mengen- und Sondernachlässen sowie der Skontogewährung und der Lieferbedingungen (zum Beispiel: frei Haus) überprüft und entsprechend genutzt werden.

Kürzungsvariante

Es sind bei der Einholung von Angeboten die Mengen- und Sondernachlässe sowie alle anderen Vorteile und Ermäßigungen zu nutzen.

Worum geht es?

Kernaussage: „Einarbeitung in die neuen Haushaltsplanmuster."

Durch die Einarbeitung in die neuen Haushaltsplanmuster fällt ein erhebliches Maß Mehraufwand beziehungsweise Mehrarbeit an, die wir Sie aber im Interesse der Sache auf sich zu nehmen bitten. Wir werden uns bemühen, soweit das in unseren Kräften steht, Hilfeleistung zu gewähren, um eine möglichst reibungslose und praktikable Einführung der neuen Haushaltsplanmuster zu ermöglichen. Es sind folgende Maßnahmen in Aussicht genommen: ...

Kürzungsvariante

Bei der Einführung der neuen Haushaltsplanmuster ist mit Mehrarbeit zu rechnen. Wir werden Sie bei der Einarbeitung unterstützen und Ihnen Hilfestellung geben. Dazu zählen folgende Maßnahmen: ...

Worum geht es?

Kernaussage: „Anweisung zur Auszahlung."

Die bewilligten und bereitgestellten Mittel sollen nur insoweit und nicht eher zur Auszahlung angewiesen werden, als sie zur Bewirkung fälliger und sofortiger Zahlungen im Rahmen des Verwendungszwecks benötigt werden und die anderen Mittel bereits eingesetzt sind.

Kürzungsvariante

Es dürfen nur bewilligte Mittel zur Auszahlung angewiesen werden, wenn Zahlungen fällig und andere Mittel bereits eingesetzt sind.

Worum geht es?

Kernaussage: „Prüfung durch das Rechnungsprüfungsamt."

Das Recht des Rechnungsprüfungsamtes über die Prüfung des Verwendungsnachweises durch die Zentralverwaltung hinaus und unmittelbar beim Zahlungsempfänger die bestimmungsgemäße Verwendung der Mittel zu prüfen, bleibt unberührt und unangetastet. Für die Erfüllung des Prüfungszwecks, soweit dies erforderlich ist, kann durchaus die Prüfung auch auf die sonstige Haushalts- und Wirtschaftsführung des Zuwendungsempfängers ausgedehnt und erweitert werden.

Kürzungsvariante

Das Rechnungsprüfungsamt hat das Recht, beim Zuwendungsempfänger die Verwendung der Mittel zu prüfen.
Die Prüfung kann auch auf die Haushalts- und Wirtschaftsführung des Zuwendungsempfängers ausgedehnt werden.

Worum geht es?

Kernaussage: „Prüfung von Haushaltsplänen bei mittelrelevanten Abteilungen."

Das jeweils zuständige Beschlussorgan hat sich zu überzeugen, dass die mittelrelevanten Abteilungen bei der Vermögensverwaltung im engen Rahmen der gegebenen Ermächtigungen verfahren, daher insbesondere die Ansätze des Haushaltsplans beachtet werden, für alle Deckung über- oder außerplanmäßiger Ausgaben vorgesorgt, Haushaltsreste, soweit vorhanden, gebildet und die Beitreibung von noch offenen Forderungen betrieben wird.

Kürzungsvariante

Zweck des zuständigen Beschlussorgans ist eine Prüfung der mittelrelevanten Abteilungen auf folgende Punkte: Beachtung des Haushaltsplanes, geordnete Deckung der über- oder außerplanmäßigen Ausgaben, der Haushaltsreste und der Beitreibung von Forderungen.

Worum geht es?

Kernaussage: „Über- oder außerplanmäßige Ausgaben bei mittelrelevanten Abteilungen."

Für die Inanspruchnahme von Verstärkungsmitteln kann sich das zuständige Organ allerdings auch seine vorherige Zustimmung vorbehalten – zweckmäßigerweise dann aber auch auf einen bestimmten Mindestbetrag beschränkt. Insofern wäre die mittelrelevante Abteilung in der Lage, kleinere über- oder außerplanmäßige Ausgaben zu Lasten der

Verstärkungsmittel selbst abzudecken, während sie für größere Überschreitungen eines entsprechenden Beschlusses bedürfte.

Kürzungsvariante

Kleinere über- oder außerplanmäßige Ausgaben können von den mittelrelevanten Abteilungen zu Lasten der Verstärkungsmittel selbst abgedeckt werden.
Bei größeren Überschreitungen ist ein entsprechender Beschluss notwendig.

Worum geht es?

Kernaussage: „Ordnung, Sicherheit und Wirtschaftlichkeit in der Buchführung."

Um den vorgenannten Zielen der Ordnungsmäßigkeit, Sicherheit und Wirtschaftlichkeit zu entsprechen, müssen an die Buchführung die genannten Anforderungen gestellt werden; dabei ist insbesondere zu bedenken, dass die durch die Buchführung gewonnenen Unterlagen in die Rechnungsprüfung einbezogen werden können; das Sachbuch ist sogar Bestandteil der Jahresrechnung.

Kürzungsvariante

Zur Rechnungsprüfung werden die Unterlagen der Buchführung und des Sachbuches herangezogen. Deshalb müssen besonders diese den Anforderungen der Ordnung, Sicherheit und Wirtschaftlichkeit entsprechen.

Register

A

B

Weitere Informationen und Serviceleistungen
erhalten Sie über das RL-Textbüro:
roland-leonhardt@t-online.de